ATENÇÃO:
O MAIOR ATIVO DO MUNDO

CARO LEITOR,
Queremos saber sua opinião sobre nossos livros.
Após a leitura, curta-nos no facebook/editoragentebr,
siga-nos no Twitter @EditoraGente, no Instagram @editoragente
e visite-nos no site www.editoragente.com.br.
Cadastre-se e contribua com sugestões, críticas ou elogios.
Boa leitura!

SAMUEL PEREIRA
FUNDADOR DO MAIOR EVENTO DE TRÁFEGO E AUDIÊNCIA DO MUNDO

ATENÇÃO:
O MAIOR ATIVO DO MUNDO

O caminho mais efetivo para ser conhecido, gerar valor para seu público e ganhar dinheiro

Diretora
Rosely Boschini

Gerente Editorial
Carolina Rocha

Assistente Editorial
Juliana Cury Rodrigues

Controle de Produção
Fábio Esteves

Preparação
Vero Verbo Serviços Editoriais

Projeto Gráfico e Diagramação
Vanessa Lima

Revisão
Geisa Mathias de Oliveira

Capa
Vanessa Lima

Impressão
Intergraf Ind. Gráfica Eireli

Copyright © 2018 by Samuel Silva Pereira
Todos os direitos desta edição
são reservados à Editora Gente.
Rua Wisard, 305 – sala 53
São Paulo, SP – CEP 05434-080
Telefone: (11) 3670-2500
Site: www.editoragente.com.br
E-mail: gente@editoragente.com.br

Dados Internacionais de Catálogo na Publicação (CIP)
Angélica Ilacqua CRB-8/7057

Pereira, Samuel
      Atenção : o maior ativo do mundo : o caminho mais efetivo para ser conhe-
cido , gerar valor para seu público e ganhar dinheiro / Samuel Pereira. – 1ª ed – São
Paulo : Editora Gente, 2018.
      208 p.

ISBN 978-85-452-0243-0

1. Sucesso nos negócios 2. Negócios – Internet 3. Administração de empresas I. Título

18-0413   CDD 650.1

Índice para catálogo sistemático:
1. Sucesso nos negócios

AGRADECIMENTOS

PRIMEIRO, GOSTARIA DE AGRADECER A DEUS PELA OPORTUNIDADE DE TRANSMITIR A MINHA MENSAGEM NESTE LIVRO! Espero que ela ajude muitas pessoas a realizar seu sonho e a dar mais segurança e conforto para a família delas!

Sim, eu falei em família porque a pergunta mais importante que já me fizeram, e que mudou todo o rumo da minha carreira, foi: "Isso sustenta uma família?" Eu não sabia o que responder naquele momento, mas essa pergunta me fez tomar uma decisão, que se tornou minha missão: logo que a resposta para essa pergunta se tornou uma realidade para mim, decidi que ajudaria a torná-la também uma realidade para várias outras pessoas. Com a internet, pessoas podem sustentar a família e dar mais conforto a ela!

Hoje, o mundo pode estar mais difícil, mas eu acredito que a internet pode mudar vidas e proporcionar-lhes a liberdade com a qual sempre sonharam. Assim como aconteceu comigo.

E por falar em família, quero agradecer o que é mais importante para mim – a minha família. Sem o apoio do meu pai, que me ensinou tudo o que eu precisei aprender sobre empreendedorismo, integridade e respeito ao próximo, eu não teria ido tão longe. Obrigado por todos os ensinamentos e a verdadeira mentoria que me ofereceu.

Eu não teria chegado onde cheguei até agora se não tivesse contado com o apoio da minha mãe e todo seu carinho, com sua ajuda logo cedo para começar o meu dia, o seu apoio em todos os meus eventos e o papel fundamental que ela exerce na minha empresa. Tudo isso não teria acontecido sem ela.

À minha irmã, Débora Pereira, que sempre foi uma amiga e companheira desde nossa infância, a quem desejo toda felicidade com seu marido Sergio Ribeiro, que é um grande amigo.

À minha noiva, Maíra Costa, que está ao meu lado sempre, dando-me suporte, ensinando-me a ser uma pessoa melhor e o que é amar de verdade! Linda, eu te amo!

Ao pessoal dos meus grupos Black e Diamond, que são pessoas incríveis e a minha inspiração. Vocês são as pessoas com quem mais divido meu tempo durante o ano, discutindo negócios na internet.

Quero também agradecer à pessoa que mais lutou para que este livro acontecesse e ficou praticamente três anos me convencendo de que eu deveria lançá-lo! À Rosely Boschini, presidente da Editora Gente, com quem eu lanço este livro, muito obrigado!

À Carolina Rocha que de forma brilhante me atende na editora e tem feito este livro ser muito melhor, e à Eliza Tozzi por me ajudar nesse processo.

Ao meu amigo e mentor Roberto Shinyashiki! Um cara incrível que me ensina sempre mais sobre a vida e o trabalho! Obrigado!

Ao meu grande amigo Denis Bai, por tudo que aprendi com ele e pelos projetos que fizemos juntos.

À Bárbara, minha sócia, mais conhecida como Parça! Que comprou a ideia de transformar o Segredos da Audiência ao Vivo no maior evento de Tráfego e Audiência do Mundo, está comigo e é alguém com quem sei que sempre posso contar!

Tenho vários mentores e modelos de inspiração – pessoas que escolhi –, como Luiza Trajano, Erico Rocha, Caio Ferreira, Rômulo Sousa. Muito obrigado por me mostrarem caminhos melhores.

A cada inscrito no meu canal do YouTube, a cada seguidor no meu perfil do Instagram, a cada pessoa da minha *fanpage*, a cada um que já se inscreveu na minha lista ou recebe os meus e-mails, entre outras mídias, obrigado!

Um obrigado especial a todas as pessoas que já foram ao meu evento e me ajudaram colaborando para tornar meu sonho realidade.

À cada pessoa que comprou e vai ler este livro agora.

Um forte abraço,

SAMUEL PEREIRA

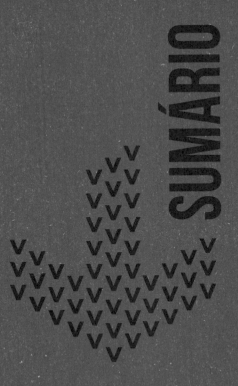

SUMÁRIO

PREFÁCIO	Todos precisam de clientes · *Luiza Helena Trajano*	10
INTRODUÇÃO	O maior ativo do mundo	14
CAPÍTULO 1	A maior revolução dos negócios	24
CAPÍTULO 2	A hora da verdade: por que os negócios não decolam	36
CAPÍTULO 3	A busca pela atenção perfeita	54
CAPÍTULO 4	A jornada do cliente: o melhor caminho para transformar um *prospect* em um cliente fiel	68
CAPÍTULO 5	Não existe conteúdo longo, existe conteúdo chato	102
CAPÍTULO 6	Os segredos da interação	134
CAPÍTULO 7	Como ter uma audiência mais engajada e mais apaixonada?	156
CAPÍTULO 8	Os mercados mais diversos podem dar certo na internet	182
CAPÍTULO 9	Quando acabaram as minhas desculpas, começaram os meus resultados	198

TODOS PRECISAM DE CLIENTES

PREFÁCIO

AS MUDANÇAS PELAS QUAIS A SOCIEDADE PASSOU NAS ÚLTIMAS DÉCA-DAS FORAM DE UMA VELOCIDADE IMPRESSIONANTE. Isso afetou profundamente a maneira de trabalhar, fazer negócios e conquistar a atenção de clientes e, principalmente, localizá-los e fazer contato com eles.

Costumo perguntar em minhas palestras quem dos presentes é vendedor. Nos mais diversos segmentos, geralmente poucas e tímidas pessoas assumem o papel de vendedor. A verdade é que todos dependem de uma venda feita na ponta, todos devem ser vendedores.

Uma importante questão atual é como atingir nossos clientes em um cenário em que a comunicação e as formas de chamar a atenção de clientes, cada vez mais disputados em um mundo digital, parecem ser extremamente complicadas.

É uma necessidade, sem cliente o negócio morre, não adianta se esconder ou fingir que é possível ignorar o mundo digital, quem não participar de maneira ativa, renovando-se intensamente, não vai sobreviver.

Por isso, nós, do Magazine Luiza, tivemos no ano passado, justamente na comemoração dos sessenta anos da empresa, como nosso lema interno: "O que não muda é que a gente sempre muda". Esses são cuidados que todos devem ter, um reinventar-se e a constante busca por clientes com a preocupação em não se acomodar.

Para isso é necessário aumentar nosso conhecimento cada vez mais. Fui convidada, algum tempo atrás, a realizar uma palestra no "Segredos da Audiência ao Vivo", do Samuel Pereira, e confesso que não o conhecia antes nem sabia do seu evento, mas logo que comentei na empresa que realizaria a palestra, muitas pessoas já falaram muito bem dele e do evento.

Fiquei encantada com o público, a qualidade e a variedade dos palestrantes e especialmente com a energia e o carisma do Samuel. Aprendi muito naquele dia e entendi por que ele é conhecido como um dos principais especialistas em tráfego e audiência na internet do Brasil.

Fiquei ainda mais feliz ao saber que o Samuel passaria a partilhar seus conhecimentos com este livro, que é leitura obrigatória para quem quer atingir um número maior de clientes para seus negócios e aprofundar seus conhecimentos nessa questão.

Tenho certeza de que todos vão aprender muito com a leitura deste livro, nesta longa e fascinante jornada sem-fim em busca do conhecimento e de melhores formas de administrar e cuidar de nossas empresas, gerando empregos e desenvolvimento.

Boa Leitura!

LUIZA HELENA TRAJANO

Presidente do Conselho de Administração do Magazine Luiza

É LEITURA OBRIGATÓRIA PARA QUEM QUER ATINGIR UM NÚMERO MAIOR DE CLIENTES PARA SEUS NEGÓCIOS E APROFUNDAR SEUS CONHECIMENTOS NESSA QUESTÃO.

LUIZA HELENA TRAJANO

O MAIOR ATIVO DO MUNDO

INTRODUÇÃO

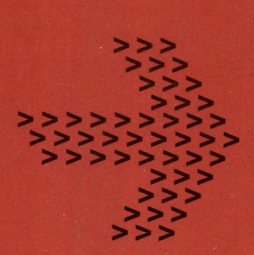

➤ **A PRIMEIRA COISA QUE QUERO DIVIDIR COM VOCÊ É QUE EU ACREDITO QUE CADA ATITUDE QUE TOMAMOS TEM O PODER DE TRANSFORMAR A NOSSA VIDA.** O que vou compartilhar aqui, todos os aprendizados e as conquistas que obtive, só foi possível porque assumi um grande comprometimento comigo mesmo e com minha jornada. E é esse comprometimento que peço a você para que esta leitura seja um divisor de águas na sua história.

Eu sei que, neste momento, você pode estar pensando que o mundo dos negócios está incerto demais. Afinal, são tantas inovações, mudanças e quebras de paradigma, que é como se estivéssemos navegando no escuro. Como você pode se destacar, então? O que é essencial *hoje* para construir um negócio de sucesso? Com tanta concorrência, ainda há espaço para criar algo novo?

Calma, eu tenho uma notícia incrível para lhe dar: nós estamos vivendo uma época cheia de oportunidades. Nunca foi tão simples e barato começar e ter sucesso no seu negócio ou na sua carreira. Hoje, tudo o que você precisa para empreender é um computador ou um smartphone com acesso à internet e aprender a usar o mundo digital a seu favor. Sem necessitar de grandes investimentos financeiros, você pode se tornar um *empreendedor digital* e assim ser o dono do próprio negócio – caminho pelo qual vi e ajudei muita gente a aumentar seus rendimentos em vários dígitos.

As ferramentas para isso estão ao alcance de qualquer um de nós. Só é preciso saber como usá-las. E é aí que está o pulo do gato: esse "como" é o que faz toda a diferença nessa era em que todo mundo pode se tornar um empreendedor digital. E quando eu digo "empreendedor digital", estou falando de muitas possibilidades de empreendedorismo na internet – não apenas de um Youtuber ou de alguém que dá cursos on-line. Empreender digitalmente é usar a internet para vender aquilo que de melhor você tem para oferecer, seja você dentista, dono de um salão de beleza, seja prestador de serviço, todos podem – e devem – usar a internet a seu favor. E todo mundo pode – e deve – usar a internet para fazer negócios. Bill Gates já dizia: "No futuro, existirão dois tipos de empresas: as que fazem negócios pela internet e as que estarão fora dos negócios". Esse futuro que Bill Gates previu é o nosso presente. Ou seja, você precisa estar on-line para alavancar seus negócios. E qualquer um pode fazer isso, independentemente de classe social, gênero e etnia. Ah, e pode ter certeza: se você não assumir sua posição nesse movimento, seu concorrente o fará e você será colocado para fora do jogo.

No entanto, não é porque todo mundo pode vender pela internet que todo mundo *atinge* suas metas pela rede. Por ser acessível a qualquer pessoa, a internet está cheia de gente com muita boa vontade produzindo conteúdos e em busca de um mesmo objetivo: **a atenção**. Seja na hora de vender o seu produto, de trazer clientes para o seu negócio, conquistar ouvintes em seus vídeos ou palestras, seja para se comunicar com o público-alvo, o fator comum que precisa ser conquistado em qualquer situação e por qualquer pessoa é sempre *a atenção*: o ativo mais precioso do mundo atual. E se você tem dúvidas do que estou lhe dizendo, eu posso lhe provar.

Ter a atenção dos outros para o seu negócio significa ser relevante, influenciador e, portanto, bem-sucedido financeiramente. Isso por uma lógica muito simples:

"NO **FUTURO**, EXISTIRÃO DOIS TIPOS DE EMPRESAS: AS QUE FAZEM NEGÓCIOS PELA **INTERNET** E AS QUE ESTARÃO FORA DOS NEGÓCIOS."

BILL GATES

o dinheiro flui para onde vai a atenção das pessoas. Isso ocorre desde aquele restaurante superlotado que sempre tem fila de espera, até o canal que todo mundo acompanha e do qual compartilha o conteúdo porque sabe que tem qualidade.

E é claro que, por ser um ativo tão valioso, a atenção não é fácil de conquistar; é preciso saber usar as ferramentas certas. Esse é um ativo que se transforma e muda de direcionamento com uma velocidade absurda. Algo que você sabe bem como funciona, pois a sua atenção também funciona assim. Quando você está assistindo a um vídeo no YouTube, por exemplo, sua atenção não fica restrita a ele. Vira e mexe, você dá uma olhada no celular para ler uma mensagem no WhatsApp, ou perde o foco porque recebeu uma notificação do Facebook ou porque um e-mail pulou na sua caixa de entrada... É ou não é verdade?

Num mundo de abundância de propagandas e notificações, a atenção é escassa. E por isso, tão preciosa! Em minha longa experiência atuando em negócios on-line, eu senti essa lição na pele. Aprendi que chamar e reter a atenção das pessoas não é simples, mas também não é um bicho de sete cabeças. Há maneiras de fazer com que o seu conteúdo se sobressaia no mar de coisas que estão pipocando na internet. Neste livro, a minha missão é dividir essas técnicas com você e mostrar-lhe como pode atrair, reter e engajar um público para fazer com que seu negócio decole através do digital.

Agora, você deve estar se perguntando: quem é esse cara que está escrevendo este livro? Bom, vou me apresentar rapidamente — e ao longo das próximas páginas, você vai conhecer mais a minha história.

Eu sou o Samuel e fundei o Segredos da Audiência ao Vivo, o maior evento presencial do mundo sobre tráfego e audiência na internet, mas é lógico que eu não cheguei a isso do nada.

Desde cedo fui fisgado pela ideia de que é possível ter uma carreira e ganhar dinheiro usando a internet. Era final dos anos 1990 quando ouvi pela primeira vez que era possível transformar a internet em um negócio, mesmo tudo sendo ainda muito recente (naquela época, até estabelecer uma conexão boa era uma tarefa complicada). De lá para cá, eu me formei em Publicidade e Propaganda, aprendi a criar sites e blogs, fundei algumas dezenas de blogs, ultrapassei a marca de 200 milhões de visualizações de páginas. Nesses anos todos atuando on-line, eu vi meus gráficos de audiência crescerem exponencialmente, trazendo-me dinheiro e, consequentemente, transformando-se em negócio. Hoje, minha missão é compartilhar tudo o que aprendi por meio do Segredos da Audiência ao Vivo. Já foram cerca de 5 mil empreendedores treinados, diversas consultorias para empresas e treinamentos ministrados presencialmente no Brasil e no mundo. Essa trajetória me fez conquistar a liberdade financeira e a possibilidade de realizar os meus sonhos. Eu identifiquei um caminho que me permitia ter estabilidade fazendo o que eu amo: ajudar as pessoas a ver seus negócios reconhecidos e bem-sucedidos. O mesmo compromisso que tenho agora com você!

Não estou falando tudo isso para me gabar, viu? E sim para lhe dar um panorama de tudo o que você pode conquistar. Esses números não foram obtidos sem esforço — virei muita madrugada estudando o que gera audiência, o que atrai ou não a atenção das pessoas. Por ter passado tanto tempo debruçado sobre esse assunto e testando hipóteses, aprendi, na prática, quais ferramentas são realmente eficientes na busca pela atenção na internet e acabei me tornando uma referência no tema quando o foco é fazer com que pequenos e médios negócios cresçam. Para você ter uma ideia, o meu evento Segredos da Audiência ao Vivo atrai milhares de pessoas presencialmente, e os membros dos meus grupos Black e Diamond conseguem conquistar de maneira muito mais rápida o que querem —

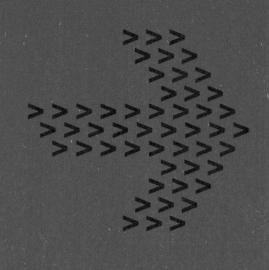
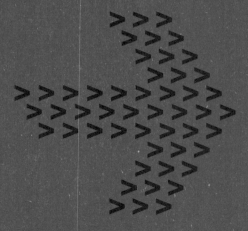

O DINHEIRO FLUI PARA ONDE VAI A ATENÇÃO DAS PESSOAS.

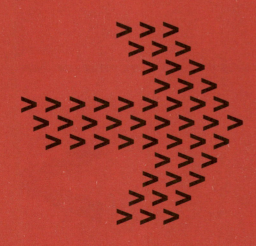

DESDE CEDO FUI FISGADO PELA IDEIA DE QUE É POSSÍVEL TER UMA **CARREIRA** E GANHAR **DINHEIRO** USANDO A **INTERNET.**

ao longo do livro, vou contar as histórias de alguns deles para você. E há muitas histórias incríveis, como um membro do grupo Black que consegue faturar 180 mil reais em uma aula ao vivo de uma hora e meia e alguns youtubers e influenciadores digitais com milhões de seguidores.

Essas pessoas estão na contramão das estatísticas, elas seguem construindo um caminho de sucesso, enquanto vemos um cenário de crise nos noticiários, com vários empreendimentos fechando ou falindo, alguns nos primeiros anos de empresa e outros mesmo depois de já serem tidos como consolidados. E por que isso acontece? A resposta para essa pergunta é o que me motiva a escrever este livro: **elas aprenderam a conquistar a atenção de sua audiência**. Afinal, não adianta ter um produto incrível se o consumidor não se sente atraído por ele, concorda? Ou planejar a melhor festa do mundo, com o melhor *buffet* e o melhor DJ, se ninguém aparecer?

A internet está aí para fazer com que a gente ganhe dinheiro e seja bem-sucedido. Ao meu lado, você vai aprender *como* se tornar irresistível para sua audiência e dominar o maior ativo do mundo.

Só por você estar lendo este livro, já sai na frente.

A MAIOR REVOLUÇÃO DOS NEGÓCIOS

CAPÍTULO 1

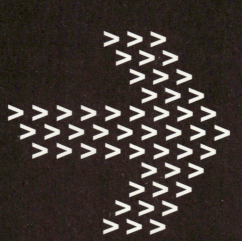

➡️ VIVER EM UM MUNDO EM QUE UMA REVOLUÇÃO ACONTECE É SEMPRE EMPOLGANTE E DÁ MUITO GÁS PARA A GENTE FAZER ACONTECER. E nós temos a sorte de viver numa época em que presenciamos a maior revolução dos negócios e, é claro, do empreendedorismo. Prova disso é que a empresa que revolucionou o serviço de transporte particular de passageiros no mundo não tem nenhum carro em sua frota, a Uber. A maior empresa de hospedagem, não tem nenhum quarto de hotel em seu nome, Airbnb. A maior varejista do mundo, não possui estoque, Alibaba Group. O que elas têm em comum: aprenderam a se conectar com o público de maneira genuína, têm toda a nossa atenção e se tornaram referência.

Com a internet e a tecnologia, as regras do jogo mudaram completamente. Todo mundo pode se tornar dono da própria trajetória e crescer tanto profissional quanto financeiramente. Não importa onde você mora, qual a sua formação ou área de atuação. A internet é democrática, disruptiva, escalável e um oceano de oportunidades para todos — sejam empreendedores que querem bombar os negócios, sejam funcionários de empresas que querem ajudar suas empregadoras a crescer e, assim, crescer com elas. Todas essas pessoas são as protagonistas desta que é a maior revolução da atualidade. Essa revolução está acontecendo embaixo dos nossos olhos e quem atua on-line tem crescido em uma velocidade impressionante! Veja o exemplo da Amazon. No primeiro trimestre de 2017, a gigante do varejo teve um lucro líquido de 724 milhões de dólares acima das previsões — um crescimento de 23% em comparação com o mesmo trimestre de 2016.[1] Enquanto isso, o Walmart, que já foi uma potência quando se tratava de varejo, só vê seus índices despencando: no quarto semestre fiscal de 2017 (que terminou em janeiro daquele ano), a companhia registrou uma queda de 17,9% no lucro.[2] Isso mostra a força da internet. E não pense que esse movimento acontece apenas com empresas fora do comum, como é o caso da Amazon. Vou dar um exemplo mais próximo de nós: o das universidades. De acordo com o Censo da Educação Superior, entre 2006 e 2016 o crescimento nas matrículas de cursos universitários on-line cresceu 62,8% — uma média anual de 5% de crescimento. E enquanto os cursos a distância não param de crescer, os presenciais veem as matrículas diminuir. Em 2015, as novas matrículas tiveram uma queda de 3,7%.[3] Outro dado que 2015 trouxe e surpreendeu a todos, foi ver a Uber valendo mais que a nossa gigante Petrobrás: 171 bilhões de reais contra 145,7 bilhões de reais.[4] Vê como a revolução está acontecendo?

Fico muito feliz por fazer parte dela e, mais do que isso, por ter ajudado muita gente a entrar nesse novo mundo e alcançar objetivos que, fora da internet, pareciam impossíveis. Ao longo das próximas páginas, eu vou lhe contar histórias de pessoas que estão fazendo parte dessa revolução dos negócios e que estão usando o maior ativo do mundo para conquistar aquilo com que sempre sonharam. São histórias de profissionais que tinham muita garra, mas que não conseguiam decolar. Contudo, ao entender quais são as melhores técnicas para atrair a audiência e

---

1   Disponível em: <http://idgnow.com.br/internet/2017/04/27/amazon-comemora-tres-oscars-e-crescimento-de-23-na-receita-do-1t2017/>. Acesso em: mar. 2018.

2   Disponível em: <http://www.valor.com.br/empresas/4876582/lucro-do-walmart-encolhe-no-quarto-trimestre-e-vendas-caem-no-brasil>. Acesso em: mar. 2018.

3   Disponível em: <https://www.em.com.br/app/noticia/especiais/educacao/2017/09/01/internas_educacao,896936/censo-da-educacao-superior-aponta-crescimento-do-ensino-a-distancia.shtml>. Acesso em: mar. 2018.

4   Disponível em: <http://www1.folha.uol.com.br/mercado/2015/07/1662946-uber-capta-us-1-bi-e-vale-mais-do-que-a-petrobras-afirma-jornal.shtml>. Acesso em: mar. 2018.

atuar on-line, viram seus ganhos crescer exponencialmente. Daqui a pouco, você vai conhecer essas pessoas e descobrir como, por exemplo, Rodrigo Bertin, *sommelier* internacional especialista em harmonização de vinho, e William Arjona, membros do meu grupo Black e fundadores do *Vinho Mais*, saíram de turmas com no máximo vinte alunos para grupos de mais de 2 mil alunos em um ano de trabalho com digital, e como outro participante do Black, apaixonado por ensinar aromaterapia, saltou de turmas de cinco alunos em aulas presenciais para turmas on-line de trezentos alunos cada e aumentou em vinte vezes seus ganhos e ainda pôde escolher onde queria morar. Essas pessoas estão fazendo parte da revolução dos negócios. E você também fará parte dela, tenho certeza!

Muita gente ainda não entendeu como essa revolução está acontecendo e acredita que empreender ou implementar uma inovação real dentro de uma empresa que já existe parece um sonho totalmente impossível, algo que demanda investimento alto, tanto de tempo quanto de dinheiro. De fato, para vários tipos de negócio, é preciso ter esses recursos. E, mais do que isso, é preciso ter ainda muita paciência para esperar pelo retorno financeiro daquele empreendimento.

No entanto, a internet facilita tudo isso, pois é o meio mais democrático que existe! Como eu já disse, tudo o que você precisa para empreender é um computador ou um smartphone conectado à rede. Ferramentas atualmente muito mais acessíveis. A internet está criando uma revolução no empreendedorismo e abrindo as portas para que pessoas comuns se tornem inovadoras, conquistem o sucesso e ganhem muito dinheiro! Percebi isso quando tinha cerca de 13 anos, e um colega me disse que estava ganhando dinheiro fazendo um blog. Aquilo ficou na minha cabeça, "como isso é possível? Eu também quero ganhar dinheiro como ele!" Esse colega abriu um novo mundo para mim e me explicou que, por meio de seu blog, as empresas anunciavam os produtos e os serviços delas para as pessoas que visitavam

NO ENTANTO, A INTERNET FACILITA TUDO ISSO, POIS É O MEIO MAIS DEMOCRÁTICO QUE EXISTE!

aquela página. Naquele momento, eu percebi que do mesmo jeito que as revistas, a TV e as outras mídias ganhavam dinheiro com anúncios, era possível fazer o mesmo usando a internet. Eu ainda não sabia, mas ali nasceu a minha paixão por audiência.

Então, usando a conexão de internet da empresa do meu pai, comecei a pensar em como seria possível faturar com conteúdo on-line. De lá para cá, estudei muito o assunto e testei várias estratégias até entender quais são as técnicas mais eficientes para empreender nessa rede tão democrática que já se mostrava tão promissora naquela época e hoje transformou totalmente o mundo dos negócios.

Ao longo das próximas páginas, vou dividir minha história com você e explicar que estratégias são essas, mas já quero adiantar uma dica: o ativo mais valioso da internet não é o tempo, nem o dinheiro, é *a atenção*. Sabe por quê? Bem, vou explicar com uma metáfora.

 ## A BRIGA PELA ATENÇÃO

Imagine uma rua de comércio popular lotada nos dias que antecedem o Natal. Pode ser qualquer rua, de qualquer cidade do mundo. Pense na quantidade de vendedores alinhados, um do lado do outro, acotovelando-se num espaço minúsculo para atrair a atenção dos clientes. Um deles grita bem alto chamando atenção para suas promoções; outro coloca um vendedor com vozeirão para falar num microfone e seduzir a freguesia; outro apela para luzes coloridas e a música da moda; e um último coloca um boneco fantasiado na frente da loja para dançar e chamar a atenção das crianças.

Uma multidão de gente que quer consumir alguma coisa passa na frente dessas lojas. Contudo, o caos é tamanho, que atrair o olhar de um cliente em potencial é algo muito difícil. Mais difícil ainda é fazer com que um desses clientes entre na loja e consuma o produto que o vendedor tem para lhe oferecer. As pessoas estão apressadas, desviam a atenção de uma vitrine para a outra, não conseguem decidir para onde vão e ficam simplesmente vagando até encontrar aquela loja que as fisga por algum motivo especial – seja um produto diferente, uma estratégia de vendas interessante, seja pela possibilidade de solucionar um problema que precisam resolver. Quando o cliente entra, o lojista sorri de alegria: ele conseguiu, finalmente, destacar-se na multidão.

Essa cena com a qual já convivemos muitas vezes na vida (quem nunca precisou enfrentar uma rua abarrotada para comprar um produto, não é mesmo?) é rotineira, mas explica bem como a internet funciona. A internet é uma rua cheia de gente querendo consumir algo – produtos, serviços ou informações –, cercada por pessoas que querem vender ou compartilhar alguma coisa. Pense em quando você está fazendo uma pesquisa, por exemplo. Você abre então uma página do Google, digita o tema e logo aparece uma série infinita de links, desde artigos até vídeos. Você escolhe o primeiro vídeo, começa a assistir, quer focar a pesquisa e resolvê-la o mais depressa possível, mas de repente alguém lhe manda uma mensagem no Facebook ou WhatsApp. De uma simples troca de mensagens, a coisa se transforma em conversa. Esse alguém que o chamou compartilha um vídeo que está viralizando na internet... Esse vídeo o leva para mais outros e, quando você percebe, já passou mais de uma hora sem que sequer conseguisse terminar de assistir ao primeiro vídeo que escolheu. O fato é que, na internet, o número de quem compartilha e o de quem consome é potencializado.

Só durante o tempo que você levou para ler essas páginas, milhões de fotos, vídeos, textos e dados foram postados, lidos, curtidos, compartilhados, consumidos por milhares de pessoas espalhadas por todo o planeta. Pensar nisso é fascinante e nos tira o sono, ao mesmo tempo, afinal, precisamos nos mexer diante desse contexto.

Qualquer um pode se tornar aquele que compartilha ideias, ensinamentos, serviços e produtos on-line. Você não precisa alugar uma loja para vender algo, abrir uma revista para publicar um artigo ou ter um estúdio para gravar um vídeo. Tudo isso está ao alcance de qualquer pessoa e é algo realmente fascinante, não é? A internet, por si só, é livre e permite que qualquer um a utilize para impactar pessoas a qualquer hora e em qualquer lugar — sem precisar investir muito dinheiro, como é necessário quando você vai comprar uma franquia ou quando abre uma loja que precisa ter estoque para começar a operar.

Ao mesmo tempo, essa facilidade toda pode assustar um pouco e nos faz pensar: com tanta coisa disponível, como vou fazer com que os outros escutem o que eu tenho a dizer ou comprem os produtos que estou oferecendo? Como faço para ser ouvido em um mundo tão barulhento? Como posso fazer para que meu consumidor olhe diretamente para mim? Aí é que está o grande desafio dos tempos modernos: quem atua na internet tem de se destacar entre milhões de vendedores que estão gritando sem parar para os clientes que passam por seus sites ou redes sociais com a velocidade de um avião de caça e atraí-los para o seu produto ou serviço. E não estou falando apenas de atrair a atenção para um canal de comédia do YouTube, mas atrair os clientes em potencial para gerar os negócios que você precisa que sejam gerados e vender o seu produto de fato.

MAIS DO QUE QUALIDADE

Se você está lendo este livro é porque quer atuar on-line de alguma maneira. Provavelmente, você já tem uma ideia do tipo de negócio que gostaria de ter na internet e, até, de quais conteúdos gostaria de compartilhar para conquistar clientes e negócios — ou tem o sonho de fazer parte desse time.

Contudo, com tanto volume de coisas sendo postado o tempo todo, fica complicado se destacar na multidão. Como no exemplo da rua de comércio lotada de vendedores que precisam, a todo custo, chamar a atenção dos clientes que passam muito depressa pelas calçadas, na internet existe a mesma necessidade. É preciso fisgar esse cliente de algum jeito e, nem sempre, é gritando mais alto ou praticando o menor preço. Certamente é isso o que você está sentindo na pele. Muita gente se vê como o vendedor da rua lotada, berrando bem alto para atrair a atenção do cliente, sem conseguir obter nenhum resultado. Você se sente rouco de tanto gritar e, cedo ou tarde, o cansaço o domina e você fica sem fôlego para continuar. Muitas vezes essa situação acontece porque as empresas e os empreendedores "entram na internet" sem pensar que as estratégias que dão certo off-line nem sempre vão dar certo on-line. É preciso mudar essa mentalidade e usar as táticas especificamente desenhadas para esse novo mundo. Senão, você cai num erro fatal e não consegue fazer as coisas decolar.

Para que as coisas deem certo, porém, você precisa aprender a viver no digital. Afinal, as estratégias do mundo on-line são muito diferentes das do mundo off-line. É um hábitat novo. E a gente precisa aprender a fazer tudo de um jeito diferente. Nós nascemos no mundo off-line, então, estamos acostumados às suas especifi-cidades – é como andar na terra firme. O mundo on-line, por sua vez, é o mar. E você não se locomove na água da mesma maneira que anda na areia. Você pode até tentar entrar no mar andando, mas conforme você for avançando em direção ao horizonte, as coisas começam a mudar. Você se desequilibra com as ondas, vai perdendo o pé e, de repente, caminhar não dá mais certo. É preciso se movimentar de outra maneira. No fundo, você só vai conseguir avançar se aprender a nadar. O grande problema é que a maioria das empresas e dos empreendedores não en-tendeu isso e está se afogando. Eles não sabem que, para fazer as coisas dar certo no mundo on-line, não dá para agir como no off-line. É preciso aprender a nadar – rapidamente. E é isso que eu quero ensinar você ao longo deste livro.

MAS JÁ QUERO ADIANTAR UMA DICA: O ATIVO MAIS VALIOSO DA INTERNET NÃO É O TEMPO, NEM O DINHEIRO, É A ATENÇÃO.

O NOVO TIPO DE ATENÇÃO

Chamar a atenção nunca foi uma tarefa simples, mas na era do excesso de informação e das distrações constantes, isso se torna um desafio muito maior. E é um desafio para todo mundo mesmo, até para quem tem conteúdo de qualidade. Muitas das pessoas que vêm a minhas consultorias são excelentes, cheias de conteúdo de alta qualidade e poderiam ganhar muito dinheiro com esse conhecimento, mas estão sofrendo em busca da atenção alheia, sem conseguir obter audiência.

Quando você se vê nesse cenário, sem atingir seu público com eficiência, por mais energia e dedicação que coloque em seu empreendimento, a sensação que tem é de que está sempre andando em círculos, sem conseguir conquistar nenhum dos seus objetivos. Enquanto isso, vê negócios on-line de outras pessoas crescendo numa velocidade absurda e não entende por que isso não acontece com você. Para sair dessa espiral de desespero, você precisa de mais audiência para conseguir, finalmente, vender o que você tem a oferecer. É necessário fazer com que as pessoas que estão passando apressadas pelo seu conteúdo, parem, prestem atenção e fiquem com você. Sei que isso parece quase uma missão impossível num mundo em que a gente tem centenas de opções para cada situação; mas não é impossível, não. Eu consegui e ajudei dezenas de pessoas que, como você, estavam sofrendo com o mesmo problema.

Acredite, não é tão difícil quanto você imagina. E está ao alcance de qualquer um que tenha dedicação e foco. Você também pode fazer parte de uma das maiores evoluções pelas quais o mundo já passou até hoje!

CINCO MOTIVOS PARA USAR A INTERNET COMO O MEIO PARA ALAVANCAR OS SEUS NEGÓCIOS

#1 **Está ao alcance de qualquer um, mas você precisa agir hoje ou correrá o risco de ser engolido.** Foi o que aconteceu com a Blockbuster, que, em 1999, emitiu uma carta aos acionistas com a seguinte frase: "A preocupação dos investidores em relação à ameaça das novas tecnologias é exagerada." Sabemos como essa história terminou.

#2 **Falta de dinheiro não é desculpa para não começar.** Para empreender na internet, você não precisa de altos investimentos iniciais – e o retorno pode ser muito maior do que você imagina.

#3 **Você tem controle sobre seus resultados o tempo todo.** É possível acompanhar as métricas de crescimento do negócio em tempo real e corrigir os erros rapidamente. Sem surpresas, sem anos de investimento perdido; as informações necessárias para corrigir e alavancar seu empreendimento estão mais acessíveis do que nunca.

#4 **Seu conhecimento é valioso e pode ajudar alguém.** Você provavelmente já tem conhecimento para compartilhar ou conhece alguém que também tenha conteúdo para compartilhar, só precisa descobrir como fazer isso de maneira eficiente.

#5 **A internet é escalável – e seu crescimento pode ser exponencial!** Um exemplo para deixar essa ideia clara é o que disse Jack Ma, criador do Alibaba, em 2015 quando se referia ao Walmart: "Para conseguir 10 mil novos clientes, eles precisam construir um novo armazém, eu só preciso de 2 servidores". [5]

---

5   Disponível em: <http://nextecommerce.com.br/jack-ma-aposta-que-em-dez-anos-alibaba-sera-maior-que-walmart/>. Acesso em: mar. 2018.

A HORA DA VERDADE: POR QUE OS NEGÓCIOS NÃO DECOLAM

CAPÍTULO 2

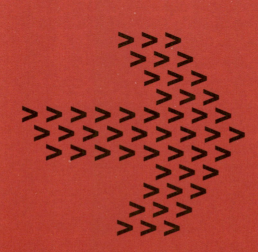

MUITA GENTE ESTÁ PRESA NAQUELE CÍRCULO VICIOSO QUE AFETA 99% DOS EMPREENDEDORES: O DA DIFICULDADE DE VENDER. Se você é autônomo ou tem a própria empresa, sabe que precisa dar um jeito de aumentar suas vendas e conquistar seus clientes para que seu negócio cresça ou simplesmente sobreviva. No entanto, existe uma dificuldade enorme em fazer isso. Conquistar clientes ou audiência é algo delicado mesmo — e ver que os consumidores não aparecem só faz com que a gente se sinta frustrado e morra de medo de que o negócio afunde. Precisamos das habilidades para aprender a mergulhar nesse mar, mas não sabemos por onde começar. E sabe o que acontece? Começamos a nos desesperar, agitar todo o nosso corpo, mas não saímos do lugar. Se ninguém nos mostrar o caminho, vamos ficar exaustos demais para continuar e vamos, simplesmente, desistir e deixar nosso sonho afundar conosco. Eu mesmo já me senti assim no passado, como se tudo o que eu tentasse fosse insuficiente para mudar meus resultados. Eu não conseguia entender por que as pessoas não chegavam até mim e, consequentemente, nenhuma interação acontecia, não conseguia fazer meu negócio bombar. Você já se sentiu assim? Esse é seu estado neste momento?

O CONTADOR ZERADO

A primeira vez que ouvi que era possível ganhar dinheiro usando a internet eu ainda era pré-adolescente, por volta dos 13 anos. E eu estava na escola quando um amigo me disse que tinha um site e que algumas marcas pagavam para aparecer no site dele. Aquilo me fascinou. Eu ficava pensando em como aquilo funcionava. Ele me explicou que as pessoas entravam no site dele para ver o conteúdo que existia ali e que, por isso, conseguia ganhar dinheiro com os banners disponíveis no site. Achei tudo aquilo incrível. Para a minha sorte, meu pai tinha uma empresa e ele me deixava usar a internet. Naquela época, eu até navegava, mas não tinha conhecimento para fazer um site como o do meu amigo e tentar faturar alguma coisa. Então, pedi à minha mãe que me matriculasse em um curso de "fazer sites"; na ocasião, ela encontrou um curso de FrontPage, que servia perfeitamente ao meu plano. Ali eu aprendi o básico e mergulhei nas apostilas que, além da parte técnica, contavam histórias de web designers que conseguiam ganhar milhões de dólares vendendo seus sites. Então comecei a criar meus primeiros sites, e um deles era de games on-line, com o qual eu pretendia me tornar parceiro de outro site de games –, mas o dono da página só aceitava parceiros que tivessem pelo menos 100 visitas por dia.

O problema é que eu simplesmente não sabia como conquistar um número que, na época, era tão alto para mim. Eu produzia um conteúdo que considerava bacana, empenhava-me para deixar o site mais bonito e fácil de navegar. Naquele tempo, não existiam as métricas de análise de audiência que existem hoje. Tudo o que eu tinha para checar as visitas no meu site eram aqueles contadores grandes na lateral da página que mostravam quantas visitas o site teve desde o começo, e eu precisava subtrair do valor atual o valor do dia anterior para saber quantas novas visitas eu recebia por dia. Depois, eu descobri um novo tipo de contador genial:

SE VOCÊ É **AUTÔNOMO** OU TEM A PRÓPRIA EMPRESA, SABE QUE PRECISA DAR UM JEITO DE **AUMENTAR SUAS VENDAS** E **CONQUISTAR SEUS CLIENTES** PARA QUE SEU NEGÓCIO **CRESÇA** OU SIMPLESMENTE **SOBREVIVA.**

mostrava quantas pessoas estavam on-line no site em tempo real! Eu ficava toda hora checando a página para ver se tinha mais alguém on-line além de mim! E quando havia duas pessoas on-line (eu e mais uma), ficava imaginando: o que essa pessoa deve estar fazendo no meu site neste exato momento? De onde ela pode estar acessando? Por onde essa pessoa pode ter vindo? Esta última pergunta fez toda a diferença!

Questionar por onde as pessoas podem vir ou encontrar o meu site, levou-me a ter a "brilhante ideia" de entrar naquelas salas de bate-papo on-line, se você é da mesma época que eu, sabe do que estou falando... E nelas eu puxava assunto com as pessoas: "Oi, alguém quer tc?" (risos) "tc" significava "teclar", ou seja, conversar. Então, eu puxava papo com uma pessoa, depois de iniciar a conversa, contava que eu tinha um site de games on-line e a convidava a entrar no meu site. Até que, um dia, tive a minha glória: sete pessoas estavam on-line! Foi incrível! Eu estava orgulhoso de mim mesmo, mas, como você deve imaginar, essa estratégia não era escalável... Contudo, já foi um começo muito importante: eu sabia que para o meu site dar certo e eu ganhar dinheiro com aquilo, precisava encontrar algumas formas de as pessoas acessarem ou descobrirem o meu site!

Enquanto eu não ganhava dinheiro com anúncios no meu site, pensei que poderia usar o meu conhecimento de construir sites oferecendo meus serviços para as empresas da minha cidade, Franca, no interior de São Paulo, onde eu ainda morava. Eu sabia que, se essas empresas investissem em sites próprios, poderiam atrair mais clientes. Então contei a ideia para os meus pais e eles super me incentivaram. Eu pegava a lista telefônica, ia direto nas páginas amarelas — sim, naquela época ainda existiam aquelas listas telefônicas gigantes —, e começava a ligar para as empresas. Além disso, outra maneira que encontrei para procurar clientes, foi aproveitar meus passeios ao shopping com meus amigos para ir aos

A HORA DA VERDADE: POR QUE OS NEGÓCIOS NÃO DECOLAM CAPÍTULO 2

restaurantes da praça de alimentação e perguntar se eles não queriam fazer um site! Meus pais sempre me incentivaram, mas até hoje ainda desconfio se, na verdade, eles não achavam o maior barato e se divertiam ao me ver indo de restaurante em restaurante, aos 13 anos, perguntando se eles não queriam fazer um site! Devia ser engraçado mesmo! Mas eu estava tentando, e eles sempre me apoiaram a buscar o que eu queria.

Tomei muitos "NÃOS" é claro, mas, para ser sincero, no ano de 2002 em uma cidade de interior, os donos de pequenos comércios e restaurantes ainda não estavam muito preocupados em ter sites para os seus negócios.

Passou um tempo, eu acabei parando de fazer meus sites e blogs, acreditando que aquilo não daria dinheiro ainda.

No entanto, aquela ideia de que a atenção das pessoas era valiosa ficou na minha mente. Quando me formei no terceiro ano do Ensino Médio, eu tinha duas opções: cursar Administração — porque eu queria ter o meu negócio — ou Publicidade e Propaganda, e entender um pouco mais daquele negócio que os sites e as redes de televisão vendiam: a atenção das pessoas! E mesmo assim poderia ter o meu negócio, eu só não sabia ainda como.

Eu me formei na faculdade de Publicidade e comecei a tocar a minha vida. Embora eu gostasse de publicidade e, na teoria, tivesse chance de fazer uma boa carreira na área — cheguei a ganhar alguns prêmios quando era estudante em concursos importantes —, o mercado estava muito ruim nessa época e era difícil conseguir um emprego na minha área de formação que pagasse um salário que eu considerasse justo. Como eu tinha, além da publicidade, conhecimento em web, começaram a surgir alguns projetos freelancers para eu tocar. Uma ex-chefe me ligou e perguntou se eu queria pegar dois sites de construtoras para fazer. Como eu estava precisando de dinheiro e já havia cogitado voltar ao mundo on-line, pareceu uma ótima ideia.

SOFRI MUITO COM A **FALTA DE AUDIÊNCIA** NO COMEÇO DA MINHA CARREIRA NA INTERNET, ESPECIALMENTE EM UM DOS PRIMEIROS BLOGS QUE TOQUEI.

>

A HORA DA VERDADE: POR QUE OS NEGÓCIOS NÃO DECOLAM **CAPÍTULO 2** 43

Só havia um problema: um dos sites tinha um prazo de apenas um mês, e eu precisava relembrar as plataformas de construção de site que haviam mudado desde então e relembrar os códigos de programação; mas topei o desafio na hora! Eu me dediquei a estudar tudo novamente. E com isso aprendi mais uma lição: na internet, as coisas mudam depressa! Alguns poucos anos são como séculos no mundo on-line quando pensamos em transformações, você precisa se atualizar, adaptar-se constantemente. Esse passo foi ótimo, e eu passei alguns meses criando sites para empresas e, com um cliente indicando o outro, a coisa andava bem.

Com isso acontecendo, resolvi começar de novo a fazer os meus sites e blogs de conteúdo, e tentar mais uma vez aprender a começar a receber visitas para uma hora poder monetizá-las.

Sofri muito com a falta de audiência no começo da minha carreira na internet, especialmente em um dos primeiros blogs que toquei. Eu ainda desconfiava se esse negócio de ter o próprio site, o próprio conteúdo algum dia daria dinheiro mesmo, se poderia virar um negócio lucrativo. Pela minha experiência anterior, quando eu ainda era moleque, parte de mim acreditava que esse projeto não era possível.

E foi então que fiquei sabendo de um amigo de um amigo que estava ganhando dinheiro com blogs – de novo a mesma história! Quem me contou o fato foi o Giovano, parceiro da faculdade e de um estágio que fizemos juntos. A história era de um amigo dele chamado Fernando, apelidado de Coreano, que estava ganhando dinheiro com blogs e viajando para Miami e Peru, tudo pago com o dinheiro que ele ganhava por meio da internet. Eu fiquei muito animado! Precisava descobrir como ele estava conseguindo a façanha de ganhar dinheiro com isso. Depois de tanto falar com meu amigo, ele concordou em fazer nossa apresentação. Fomos a um barzinho e eu enchi o Fernando de perguntas: fiquei questionando como ele estava conseguindo trabalhar com os blogs. Continuei pesquisando e correndo atrás para entender esse modelo de negócio. E o mais curioso para mim foi descobrir que o site dele era de artesanato! E como se não bastasse, ele chegava a receber 500 mil visitas por mês nesse site! Uau! Como aquilo era possível? E ele sempre foi muito solícito e achava até graça na minha imensa curiosidade em desvendar o segredo para fazer os meus projetos darem certo. Até que aconteceu uma coisa. Era Natal, e eu estava na casa de um tio, de quem sou muito próximo, pois nossa diferença de idade é de apenas 11 anos e ele, para mim, sempre foi como um irmão mais velho. Ele é muito curioso também e muito ligado em inovação. Então, estávamos conversando sobre internet e empreendedorismo e eu expliquei a ele um pouco do meu trabalho como freelancer, contei que criava sites dos mais diversos tipos e tudo mais. Contei a ele algo que pode ter mudado o rumo da minha vida em uma dimensão que eu não imaginava que pudesse acontecer: contei a história do Fernando para o meu tio!

Meu tio ficou animadíssimo com essa história e muito empolgado para conseguir o mesmo resultado também!

Quando eu voltei para Belo Horizonte, cidade onde moro até hoje, ele me propôs uma parceria: "Você já tem conhecimento para construir um site, por que você não passa um orçamento para fazer um site para mim? Eu vou escrever sobre dietas e hábitos alimentares". Pensei um pouco e fiz uma proposta para ele que foi um divisor de águas para mim. Em vez de aceitar só o pagamento como freelancer, eu propus que nos tornássemos sócios, 50%-50%. Eu focava o aspecto técnico e ele, o conteúdo. Ele topou na hora e logo começamos a trabalhar.

Lançamos o site e, nos primeiros meses, o crescimento do número de visitas estava fraco. Meu tio tinha uma visão muito ousada do crescimento, muito mais ousada do que a minha, aliás. Eu me lembro de que, naquela época, eu ficava de seis a oito horas por dia trabalhando no site e muitas horas estudando no meu quarto, na sala de casa ou na cozinha... Esse era o meu escritório! Tudo caminhava lentamente,

NAQUELE MOMENTO EU ME DEI CONTA DE QUE, PARA GANHAR DINHEIRO E MONETIZAR MEU PROJETO, EU PRECISAVA DE **VISITAS**. PRECISAVA DE UM PÚBLICO. PRECISAVA DE FONTES DE TRÁFEGO DE VISITAS E, MAIS DO QUE ISSO, PRECISAVA **CONQUISTAR** UMA **AUDIÊNCIA FIEL**.

mas já estávamos conquistando algo, já tínhamos uma média de 600 visitas diárias. Após dez meses, porém, veio uma atualização no algoritmo que o Google usava em seu sistema de buscas e isso nos puxou para baixo. Ou seja, sempre que alguém ia pesquisar sobre dietas, nosso site estava lá, no pior ranqueamento possível. O conteúdo era bom, meu tio se dedicava aos textos todos os dias e ele tinha muita experiência no tema para compartilhar. No entanto, mesmo assim, a audiência não crescia como queríamos e muitas vezes até caía... Foi então que percebi que não basta ter o que dizer, é preciso saber como atingir o público. Senão, você se torna só mais um cara gritando ao léu na rua cheia de clientes apressados. Era o que eu estava fazendo. Naquele momento eu me dei conta de que, para ganhar dinheiro e monetizar meu projeto, eu precisava de visitas. Precisava de um público. Precisava de fontes de tráfego de visitas e, mais do que isso, precisava conquistar uma audiência fiel. Foi nesse instante que eu resolvi estudar a fundo o que levava o Google a indicar um site ou outro em primeiro lugar e o que fazer para reter uma audiência em um site; mas eu ainda teria de ralar muito para desenvolver as estratégias ideais para conquistar o ativo mais precioso do mundo.

 DÁ PARA SUSTENTAR UMA FAMÍLIA COM ISSO?

E se aquilo não decolasse? Eu tinha medo, é claro. Estava apostando as minhas fichas no mundo on-line, no meu negócio de construir blogs. No entanto, não sabia bem se conseguiria conquistar os meus sonhos ou se teria de voltar para a publicidade e conseguir um emprego comum. Era difícil, pois eu queria muito que a minha intuição dessa vez estivesse certa.

Ao mesmo tempo, porém, não tinha como prever o futuro. Todo empreendedor sabe disso e sente essa angústia. Ainda mais quando as coisas não saem como o esperado. Eu estava gastando mais do que ganhando, pois estava investindo muito, tanto para manter o site no ar quanto em conhecimento para aprender um modo de melhorar meus resultados; mas o retorno ainda não vinha. Com isso, minha confiança não estava boa. E, é claro, isso me deixava angustiado.

E talvez você também esteja se sentindo assim agora. Quando apostamos nossas fichas em um negócio próprio dói muito ver que as coisas não decolam. O que acontece é que, muitas vezes, não conseguimos ver "a luz no fim do túnel" e ficamos apenas angustiados ao notar que os dias passam e nada de bom acontece. Quando vivemos essa situação por muito tempo, o nervosismo fica cada vez maior e o estresse nos deixa sem enxergar, sem saber qual direção devemos seguir. A sensação é de que já fizemos tudo para salvar aquele negócio, para conquistar mais audiência. Eu me sentia assim no começo, mas tentei não me deixar abater. Uma vez, quando ainda estava lutando para entender de que maneira eu poderia alavancar meus negócios on-line, ouvi de uma pessoa bem próxima a seguinte pergunta: "Mas dá para sustentar uma família com blog na internet?" Eu simplesmente não sabia o que responder. Naquele momento, certamente não dava. E aquilo me marcou. Como eu poderia constituir uma família em um empreendimento que parecia tão instável? Como eu faria para crescer, contratar pessoas (com as próprias famílias) e transmitir segurança de que aquele negócio tinha futuro e renderia bons frutos para todo mundo que se envolvesse naquilo?

Eu não sabia, mas sentia que aquele era o caminho. Tudo o que eu precisava fazer era perseverar, testar, estudar o mercado e encontrar maneiras eficientes de me destacar na multidão.

Então recorri ao Fernando, lembro-me de que perguntei a ele qual foi o principal fator que ajudou o site dele a ter resultado, e ele me disse: domínio!

"Como assim, Fernando?" – Perguntei a ele. E me respondeu: "O endereço do seu site tem de ser bom, e ele precisa ter uma palavra-chave muito buscada no domínio e vai no '.com.br' que funcionou assim para mim!"

EU ESTAVA GASTANDO MAIS DO QUE GANHANDO, POIS ESTAVA INVESTINDO MUITO. MAS O RETORNO AINDA NÃO VINHA. COM ISSO, **MINHA BALANÇA ESTAVA NEGATIVA.** E, CLARO, ISSO ME DEIXAVA MEIO ANGUSTIADO.

A HORA DA VERDADE: POR QUE OS NEGÓCIOS NÃO DECOLAM CAPÍTULO 2

Meu tio e eu começamos a estudar mais sobre domínios, e o que tornava um domínio bom. Até que chegou o momento de ir para o que se chama de processo de liberação, um processo do Registro.br, órgão responsável por domínios com a terminação .br, portanto, .com.br é uma delas. Esse órgão libera domínios que de alguma forma estavam penhorados, com pendências, foram cancelados etc. E você pode disputar alguns dos domínios que achar interessantes, se ninguém mais pedir o mesmo domínio, ele é seu![6] Nesse processo, na época existiam mais de 300 mil domínios sendo liberados.

Depois de vasculhar praticamente todos os 300 mil domínios, meu tio encontrou um domínio de mensagens para celular e falamos: "Parece um bom domínio!" Conseguimos a liberação! Aquele domínio era nosso então! Com a conquista do domínio, somada à experiência que tínhamos adquirido, em poucos meses conseguimos alcançar mais de 300 mil visitas por mês nesse site... E desse momento em diante, não paramos mais. Criamos dezenas de sites e blogs um seguido de outro, e alguns milhões de pessoas visitaram esses sites. Só no site de mensagens para celular foram mais de 8 milhões de pessoas! E entender as estratégias certas de audiência, foi o que tornou o que eu fazia um negócio capaz de sustentar uma família!

E não só a minha família, dá para sustentar a família das pessoas que hoje trabalham na minha empresa. Essa pergunta ficou tão marcada na minha mente que, quando eu descobri que é possível sustentar famílias com a internet, transformei essa frase em uma das missões da minha empresa.

Para você entender o que estou falando, quero lhe contar uma história que me impactou bastante. Como sou um cara bem dedicado à família e que cria laços de amizade bem fortes, eu gosto de, no final do ano, mandar algumas mensagens

---

6   Saiba mais acessando: <https://registro.br/dominio/proclib.html>.

de agradecimento para as pessoas que foram importantes para mim naquele período. Em 2017, aconteceu uma coisa que me deixou muito emocionado. Mandei uma dessas mensagens para uma pessoa do meu grupo Black, dizendo que o caso dela foi uma grande inspiração para mim. E realmente foi. Ela recebeu a mensagem e me respondeu com um vídeo que me emocionou muito. Antes, ela também estava presa naquele círculo do empreendedorismo, sem conseguir aumentar sua carteira de clientes, mesmo trabalhando dia a noite, sem parar. Estava cansada de se ver refém dessa situação. Depois de muito buscar soluções, encontrou Segredos de Audiência e tudo mudou. Ela me disse, com lágrimas nos olhos, que com a minha ajuda descobriu uma maneira de potencializar sua vocação e de ter sucesso. Hoje, com a revolução da internet, ela está conquistando tudo o que sempre desejou, ou seja, dinheiro, sucesso, mais tempo para a família. E tudo isso em pouquíssimo tempo!

Minha maior satisfação tem sido ajudar alguns milhares de pessoas a usar a internet para crescer e ser felizes fazendo o que amam. Ao longo deste livro, você vai conhecer histórias de gente comum, que atua nas mais variadas áreas (de saúde a artesanato) e que conseguiu potencializar seus ganhos atuando na internet de maneira eficiente. Elas também começaram do zero, muitas delas estavam completamente perdidas em suas carreiras, não tinham dinheiro para investir em um negócio arriscado e estavam cheias de dúvidas e inseguranças. E hoje algumas dessas pessoas estão trabalhando enquanto viajam o mundo; outras largaram empregos estáveis e promissores e cargos públicos para se dedicar aos negócios on-line; algumas envolveram a família inteira no empreendimento e criaram negócios milionários com a internet; e todas viram seus ganhos financeiros decolar. Vou contar todas essas histórias para você. E tenho certeza de que, depois de ler este livro e aplicar as táticas que vou ensinar no seu negócio, você terá excelentes resultados também. Está pronto para começar nossa jornada?

AS PRIMEIRAS LIÇÕES QUE APRENDI AO COMEÇAR MINHA JORNADA COM AUDIÊNCIA

#1 A atenção das pessoas tem valor, e é reconhecendo esse ponto e focando nele que as grandes empresas de mídia funcionam. Tendo mapeado onde está a atenção das pessoas, essas empresas criam estratégias de monetização, vendendo os espaços de maior relevância para que terceiros anunciem.

#2 É preciso encontrar uma fonte de tráfego para trazer as pessoas até o site para que ele aumente o número de visitas, ou melhor, receba visitas. Sem isso, não existe negócio.

#3 Além de encontrar uma fonte de tráfego, é fundamental que ela seja escalável! Não dava para eu, por exemplo, ficar para sempre ali convidando as pessoas manualmente para trazê-las ao meu site. Nunca alcançaria o resultado necessário.

#4 Ouvir alguns "NÃOS" não significava que eu não tinha uma boa ideia – e isso vale para você também! O diferencial é entender como transformar o "não" em "sim", e tomar a decisão de lutar por isso.

#5 Na internet, é preciso se atualizar e se adaptar o tempo todo. As mudanças são tão rápidas que anos podem ser como séculos nesse novo mundo.

➡ O QUE ESTÁ O IMPEDINDO DE EMPREENDER?

O primeiro passo para empreender no próprio negócio ou no lugar onde você atua é *decidir* e tornar essa decisão algo *inegociável*. O que quero dizer com isso é que você precisa de foco e colocar esse projeto como prioridade. Para dar certo, no entanto, é preciso combater o que Napoleon Hill, um dos autores mais reconhecidos quando falamos em prosperidade, chama de *os seis fantasmas do medo* em seu livro *Pense e enriqueça*:

> **MEDO DA POBREZA:** para Hill, este é o mais destrutivo dos medos, pois o medo da pobreza se apresenta por meio de algumas atitudes que visam a autossabotagem: indiferença ou falta de ambição para transformar seus resultados, deixar que os outros tomem decisões por você, negativismo diante de novas oportunidades e, um dos maiores vilões da atualidade, a procrastinação.

> **MEDO DA CRÍTICA:** o julgamento dos outros é algo que pode paralisar muitos de nós. A possibilidade de receber críticas ruins sobre nossas ideias faz com que tenhamos medo de nos expressar, não nos coloquemos com firmeza diante dos outros, duvidemos de nossa capacidade de realização.

> **MEDO DE TER PROBLEMAS DE SAÚDE:** este medo muitas vezes se apresenta como uma desculpa, as doenças são usadas como muletas para o não cumprimento das metas que foram estabelecidas. Elas se tornam algo tão recorrente nas interações do dia a dia que reforçam uma atitude mental. É como aquele momento quando alguém se aproxima de uma roda de conversa e começa a reclamar de algum problema. Logo, todos os presentes estão compartilhando dores e problemas que eles mesmos estão sentindo ou alguém próximo. Isso mina a energia da realização.

A HORA DA VERDADE: POR QUE OS NEGÓCIOS NÃO DECOLAM CAPÍTULO 2   53

> MEDO DE PERDER UM AMOR: a insegurança fala mais alto quando entramos neste medo. Muitas vezes, não avançamos em nossos projetos por receio das consequências que isso trará aos nossos relacionamentos.

> MEDO DA VELHICE: quantas vezes você já usou a desculpa da idade para não realizar alguma coisa? O medo da velhice está enraizado no medo de perder a ideia de segurança que foi construída com base na sua trajetória, de arriscar e ter de se deparar com a pobreza.

> MEDO DA MORTE: associado ao medo de ser punido, o medo da morte é causado pela angústia de não saber o que virá depois ou o que pode acontecer com as pessoas que ama quando você se for. Se tem medo disso, automaticamente se impõe muito mais barreiras para realizar uma grande mudança. Um dos mecanismos que Hill indica para combatê-lo é: encontre o seu propósito, pois isso o manterá motivado a realizar.

Todos nós sentimos esses medos em algum momento de nossa vida. É normal. O importante, contudo, é perceber quando eles aparecem e questionar as armadilhas que nossa mente quer construir para que não avancemos. Afinal, nenhum medo pode ser maior do que os seus sonhos.

A BUSCA PELA ATENÇÃO PERFEITA

CAPÍTULO 3

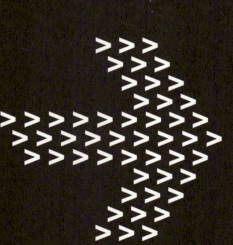

NÓS TEMOS O PRIVILÉGIO DE VIVER EM UMA ÉPOCA SURPREENDENTE. Somos testemunhas de um período de transformações profundas em todos os aspectos da sociedade. Se compararmos o modo como vivemos hoje às nossas rotinas de dez anos atrás, perceberemos rapidamente mudanças em todas as frentes: o modo como nos relacionamos com amigos e parentes mudou; o modo como trabalhamos mudou; o modo como consumimos mudou; o modo como fazemos negócios mudou.

E o que está por trás de todas essas mudanças? A forma como veiculamos a informação. É por causa do crescimento e do desenvolvimento da internet e dos dispositivos móveis — nossos queridos smartphones — que estamos sentindo na pele tantas transformações de comportamento. A democratização do acesso a essas tecnologias faz com que os comportamentos, os anseios e as necessidades das pessoas sejam, hoje, totalmente diferentes do que eram há alguns anos. É só parar para pensar um pouco sobre nossa vida. Há dez anos, se quiséssemos conversar com alguém, tínhamos de telefonar, mandar um e-mail ou uma mensagem de texto. WhatsApp, nem pensar! Esse aplicativo que hoje é usado por milhões de brasileiros, surgiu apenas em 2009 e pegou para valer no país lá por 2012. Em 2017, o aplicativo revelou que possui 120 milhões de usuários brasileiros e 1,2 bilhão de usuários no mundo inteiro.[7] Um crescimento assombroso! Hoje, nem você, nem eu, conseguimos viver sem essa forma nova de nos comunicar, que rapidamente transformou por completo o jeito como interagimos.

Tudo isso acontece graças à revolução da internet. E todos os profissionais precisam estar atentos a essas mudanças. Quem não percebe que vivemos uma transformação profunda não consegue ler o cenário e encontrar estratégias para fazer negócios nesse novo mundo. Não dá mais para viver no passado, é preciso entender o presente e ter agilidade para perceber as mudanças que o futuro trará. Só assim você garantirá seu lugar e conquistará clientes e negócios. Infelizmente, muitas empresas ainda não entenderam isso e deixam os dias passar sem desenvolver uma estratégia para atuar neste mundo em que o on-line se torna cada vez mais importante. Um caso clássico que representa essa história é o da Blockbuster. No ano 2000, a companhia estava no auge do sucesso e seu CEO, John Antioco, foi procurado por um empreendedor chamado Reed Hastings. O objetivo era oferecer, para a Blockbuster, uma empresa nova que estava surgindo, cujo foco era aluguel de filmes on-line. Essa empresa era a Netflix. O executivo da Blockbuster não quis fechar o negócio. Considerou que o valor cobrado, 50 milhões de dólares, não geraria o retorno necessário e que o nicho de atuação era "muito pequeno". Entretanto, treze anos depois, quando a Blockbuster decretou sua falência, as assinaturas da Netflix haviam se popularizado e os vídeos em *streaming* estavam dominando o mundo. E a Netflix soube navegar perfeitamente nessa oportunidade. Em 2018, ela ultrapassou o valor de mercado de 100 bilhões de dólares.[8] Isso mostra que ninguém pode desprezar o poder do novo — nem o da internet.

---

7 Disponível em: <http://link.estadao.com.br/noticias/empresas,whatsapp-chega-a-120-milhoes-de-usuarios-no-brasil,70001817647>. Acesso em: mar. 2018.

8 Disponível em: <https://epocanegocios.globo.com/Empresa/noticia/2018/01/valor-de-mercado-da-netflix-ultrapassa-marca-de-us-100-bi.html>. Acesso em: mar. 2018.

TUDO ISSO ACONTECE GRAÇAS À REVOLUÇÃO DA INTERNET. **E TODOS OS PROFISSIONAIS PRECISAM ESTAR** ATENTOS A ESSAS MUDANÇAS.

➡️ A INTERNET E O BRASIL

Desde 2013, o Hootsuite, plataforma de gerenciamento de redes sociais, e a agência We are Social fazem uma pesquisa sobre o uso da internet e das redes sociais pelo mundo. Vale muito a pena acompanhar esse estudo, que tem *insights* interessantes sobre essas tecnologias e nos ajuda a compreender o que está acontecendo no Brasil e no planeta. Por isso, vou compartilhar com você agora alguns dados revelados pelo estudo mais recente do Hootsuite, o *Digital in 2017 – Global Overview*.[9] Uma das revelações mais incríveis é que mais da metade da população mundial usa a internet, ou seja, mais de 3,75 bilhões de pessoas têm acesso à rede hoje – e quase 3 bilhões de pessoas são usuárias ativas das mídias sociais. Dê uma olhada na visão geral da internet no mundo no quadro abaixo:

E o que está acontecendo no Brasil? Bem, nosso país é um daqueles em que o uso da internet, das redes sociais e dos smartphones mais cresce. Para ter uma

---
9 Disponível em: <https://www.slideshare.net/wearesocialsg/digital-in-2017-global-overview>. Acesso em: mar. 2018.

ideia, a penetração da internet no país é de 66% — 11 pontos percentuais acima da média global, que é de 55%. Por dia, passamos quase cinco horas na internet, acessando a rede via desktops, e quase quatro acessando a web pelo celular — essa é a segunda média mais alta do mundo e ficamos muito à frente de países como os Estados Unidos e o Canadá. Isso mostra que estamos conectados durante muito tempo de nossa vida. E quando se trata de redes sociais a coisa é ainda mais fascinante: nós passamos quase quatro horas todos os dias conectados a alguma mídia social. Para você ter uma ideia, nos Estados Unidos, o tempo médio nas redes sociais é de pouco mais de duas horas. No gráfico abaixo, você confere a média de outros países e vê que o Brasil é a segunda nação mais aficionada em mídias sociais, perdemos só para as Filipinas.

Ao analisar os dados que a pesquisa traz para diferentes redes sociais, vemos que 66% dos brasileiros que têm Facebook usam essa mídia todos os dias — a média global para esse comportamento é de 55%. Não é à toa que o Brasil é o terceiro país do mundo com mais usuários ativos no Facebook, e São Paulo é a sétima cidade com mais perfis nessa rede social. Dê uma olhada:

PRINCIPAIS PAÍSES E CIDADES [USUÁRIOS] DO FACEBOOK
Países e cidades com as maiores bases de usuários ativos do Facebook

PAÍSES COM O MAIOR NÚMERO DE USUÁRIOS ATIVOS DO FACEBOOK

# PAÍSES	USUÁRIOS	% TOTAL
01 ESTADOS UNIDOS	214.000.000	11%
02 ÍNDIA	191.000.000	10%
03 BRASIL	122.000.000	7%
04 INDONÉSIA	106.000.000	6%
05 MÉXICO	76.000.000	4%
06 FILIPINAS	60.000.000	3%
07 TURQUIA	48.000.000	3%
08 TAILÂNDIA	46.000.000	2%
09 VIETNÃ	46.000.000	2%
10 REINO UNIDO	42.000.000	2%

CIDADES COM O MAIOR NÚMERO DE USUÁRIOS ATIVOS DE FACEBOOK

# CIDADES	USUÁRIOS	% TOTAL
01 BANGKOK (OU BANGUECOQUE)	24.000.000	1.3%
02 CIDADE DO MÉXICO	19.000.000	1.0%
03 DHAKA	16.000.000	0.9%
04 JACARTA	16.000.000	0.9%
05 ISTAMBUL	14.000.000	0.7%
06 CAIRO	13.000.000	0.7%
07 SÃO PAULO	12.000.000	0.6%
08 NOVA DELI	12.000.000	0.6%
09 LIMA	11.000.000	0.6%
10 HO CHI MINH	9.000.000	0.5%

Além disso, um dado muito importante é que o crescimento do uso de redes sociais pelo celular no Brasil aumentou 25% em 2017, na comparação com o ano anterior. Isso cria uma audiência totalmente diferente da que estávamos acostumados no passado. Totalmente diferente, mesmo!

 **A NOVA AUDIÊNCIA**

Eu quis dividir com você todos esses dados de internet e mídias sociais para que entenda exatamente qual é o contexto da audiência hoje. As redes sociais estão se apossando do nosso tempo e mudando nossos hábitos – é muito raro que alguém hoje fique assistindo à TV sem o celular do lado. E mais raro ainda que alguém não fique olhando o Facebook, o Instagram ou o Twitter quando surge um comercial na TV. Ou, mais do que isso, que não mude de canal ou desligue a TV quando aparece uma propaganda. Hoje, há cada vez menos espaço para a propaganda de interrupção – essa que surge na nossa tela sem que tenhamos pedido para vê-la. Tanto que há muito mais demanda por assinar canais de *streaming* (como a Netflix) do que por comprar pacotes de assinatura de TV a cabo tradicionais.

Uma pesquisa da PWC estima que, até 2021, os vídeos on-line devem ter crescimento de demanda em 9% e as TVs por assinatura, de 2%.[10] Hoje o comportamento geral é de ir atrás do conteúdo que se deseja assistir, e assisti-lo quando e onde quiser, o famoso *on demand*. Por isso, até as TVs a cabo estão mudando cada vez mais sua maneira de se relacionar com o público. Elas também precisam se adaptar, dar oportunidade de o seu assinante assistir ao filme na hora que ele quiser, poder pausar ou adiantar a programação e até assistir sem que tenha intervalos para propagandas. E, quem sabe, terminar de assistir àquela série no ônibus ou no metrô.

E o que os serviços de *streaming* e as redes sociais têm em comum? Eles colocam o poder nas mãos do usuário. Podemos escolher o que assistir, quando e como. E, quando aparecem os anúncios em vídeos do YouTube, por exemplo, assim que é possível nós os "pulamos", certo? Até eu, que sou publicitário, acho a maioria das interrupções muito chata. Isso mostra que estamos num novo contexto e que, como dizia

---

10 Disponível em: <http://www.otempo.com.br/capa/economia/servi%C3%A7os-como-netflix-roubam-mercado-da-tv-por-assinatura-1.1562429>. Acesso em: mar. 2018.

E O QUE OS SERVIÇOS DE *STREAMING* E AS REDES SOCIAIS TÊM EM COMUM? ELES COLOCAM O PODER NAS MÃOS DO USUÁRIO.

A BUSCA PELA ATENÇÃO PERFEITA **CAPÍTULO 3** 63

David Ogilvy, um dos maiores publicitários do mundo, "Se você falar com uma pessoa da mesma maneira como faz uma propaganda, vai levar um soco na cara".

Ou seja, está cada vez mais difícil ficar interrompendo o tempo das pessoas com propagandas. E, para aumentar o desafio de quem precisa vender, a atenção está mais dispersa – ficamos o tempo todo olhando para várias telas simultaneamente e, para que nossa atenção realmente seja capturada, precisamos ser fisgados, não por propaganda, mas pelo conteúdo que queremos ou escolhemos consumir. Com tanto conteúdo literalmente na palma das mãos, a sua audiência não precisa se concentrar em nada. Se não gostar do que está vendo agora, pode simplesmente ir para a próxima opção em questão de segundos, pois a quantidade de ofertas é gigante. A boa notícia é que, como a pesquisa do Hootsuite mostra, os brasileiros estão cada vez mais mergulhados nas redes sociais e muito adeptos à tecnologia *mobile*. É ali que temos de capturar a atenção das pessoas.

Nosso desafio nesse contexto hiperconectado é fazer com que os potenciais consumidores se conectem ao que temos a lhes oferecer e fiquem impactados pelo nosso conteúdo. A concorrência é feroz, é claro. Afinal, como comentei anteriormente, qualquer um pode empreender na internet. Isso quer dizer que se você não souber conquistar o seu público-alvo, outro profissional fará isso. Mesmo que o seu conteúdo seja melhor, mais inovador, mais barato... nada importará se a atenção dos consumidores estiver voltada para outra pessoa. A chave para evitar isso é aplicar algumas ferramentas eficazes para se destacar de vez. O potencial da rede é gigante, e você, depois de ler este livro, vai fazer parte daqueles profissionais que conseguem crescer rapidamente e de forma objetiva e certeira. O segredo é entender o que a audiência quer ouvir (qual o conteúdo esperado), como quer ouvir (em qual mídia quer recebê-lo) e quando quer ouvir (qual o contexto).

O Luis Navarro e o Eduardo Miranda são ótimos exemplos disso que estou falando. Em 2012, depois de quebrar duas empresas no off-line, eles resolveram arriscar um terceiro negócio: uma empresa de cursos on-line focada em segurança com eletricidade, a Engehall Elétrica. Começaram com conteúdo em texto e depois perceberam que era importante ter vídeos. Para isso, criaram um canal no YouTube para hospedar esse material e compartilhá-lo com os alunos. Outras pessoas começaram a ver esses vídeos e, três anos depois de muito trabalho, eles tinham pouco mais de 2.500 inscritos em seu canal. Muito pouco para o potencial do conteúdo deles, é claro. A partir de 2016, eles perceberam que precisavam investir mais na sua audiência e compreender suas demandas. Então começaram a entregar "Dicas Flash", vídeos com linguagem de fácil compreensão e com um conteúdo bem resumido. Em um ano, o canal saltou de 2.500 para 18 mil inscritos. E foi aí que nossos caminhos se cruzaram, o Luis esteve primeiramente no Segredos da Audiência 2016 ao Vivo.

Desafiei a Engehall a dar um salto gigantesco em 2017: superar a marca do maior canal de elétrica do Brasil, que, até então, possuía 200 mil inscritos. Eles começaram a investir mais tempo pensando no que a sua audiência ou até então a sua futura audiência queria assistir. Passaram mais tempo nesse estudo, na escolha de seus títulos, na apresentação do conteúdo e no acompanhamento do que sua audiência estava buscando mais nas redes sociais. No momento em que estou escrevendo este livro, o número de inscritos no canal está próximo a 450 mil, eles se tornaram o maior canal de elétrica da América Latina.

Esse olhar constante no que a audiência procura ajuda demais a crescer. Por isso, preste sempre atenção no seu público: é ele que vai lhe mostrar o caminho para o seu sucesso. Procure entender o que as pessoas querem e buscam. Não tome a mesma atitude que a Blockbuster — de se apegar tanto ao próprio modelo de negócio a ponto de deixar de olhar para o que estava acontecendo fora do seu mercado. Assuma a posição da Netflix e aprenda a ler o que a audiência quer e se adaptar rapidamente.

A BOA NOTÍCIA É QUE, COMO A PESQUISA DO HOOTSUITE MOSTRA, OS **BRASILEIROS** ESTÃO CADA VEZ MAIS MERGULHADOS NAS **REDES SOCIAIS** E MUITO ADEPTOS À **TECNOLOGIA** *MOBILE*. É ALI QUE TEMOS DE CAPTURAR A ATENÇÃO DAS PESSOAS.

ESSE OLHAR CONSTANTE NO QUE A AUDIÊNCIA PROCURA AJUDA DEMAIS A CRESCER. POR ISSO, **PRESTE SEMPRE ATENÇÃO**

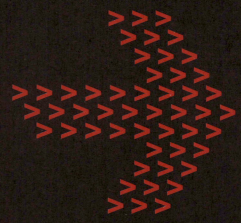

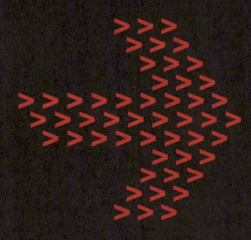

NO SEU PÚBLICO: É ELE QUE VAI LHE MOSTRAR O CAMINHO PARA O SEU SUCESSO.

A JORNADA DO CLIENTE: O MELHOR CAMINHO PARA TRANSFORMAR UM PROSPECT EM UM CLIENTE FIEL

CAPÍTULO 4

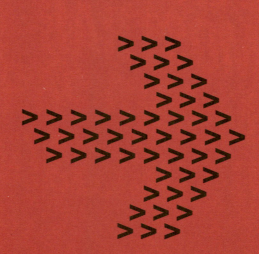

➡️ COMO FALAMOS ANTERIORMENTE, E VOCÊ JÁ DEVE TER NOTADO, EXISTE UM MODO TOTALMENTE NOVO DE SE COMUNICAR COM A AUDIÊNCIA ATRAVÉS DA INTERNET, E É SOBRE ISSO QUE VAMOS FALAR NESTE CAPÍTULO. Vou lhe apresentar o percurso fundamental para que você construa uma jornada que, a partir do primeiro contato com você, esse *prospect* (contato em prospecção) torne-se um cliente e, mais do que isso, torne-se um embaixador e recomende seu trabalho para outras pessoas.

No capítulo anterior, comentei que a nossa atenção mudou completamente e o modo de fazer propaganda também. Atualmente, as pessoas preferem ir atrás da informação quando precisam dela, em vez de serem interrompidas o tempo todo por propagandas que elas não pediram para ver. E não precisamos ir muito longe para constatar esse novo comportamento. Basta lembrar, quando vamos assistir a um vídeo no YouTube, de quanto nos incomoda ter de esperar pela propaganda para finalmente podermos acessar o conteúdo que desejamos consumir. Cada vez mais há menos espaço para uma abordagem agressiva, principalmente na internet. Por isso, nasceu esse novo marketing.

O NOVO MARKETING

Com alguma frequência, as pessoas que tentam vender algo para a sua audiência e não conseguem ficam extremamente chateadas e acreditam que trabalhar na internet não é para elas. Se você já se sentiu assim, fique tranquilo, isso não significa necessariamente que seu produto seja ruim ou você tenha errado em tudo. No entanto, existem fatores fundamentais que precisam ser observados para atingir sua audiência: o momento certo de expor o seu público-alvo à venda, a preparação correta e o porquê do seu produto ser o melhor investimento para seu público naquele momento. Então, vou lhe mostrar os três passos da jornada do engajamento que permitem trilhar todo esse percurso. Antes, porém, preciso lhe contar sobre o *inbound* marketing – o novo marketing que está transformando a maneira de nos relacionar com os clientes. Esse tema é de extrema importância e é uma das estratégias-chave da minha empresa.

E talvez você esteja se perguntando, mas, Samuel, se fazer propagandas de interrupção está cada vez mais difícil, qual é a nova forma de eu fazer marketing para a minha audiência?

Para você ter uma ideia, eu já peguei um voo para uma conferência em Boston, nos Estados Unidos, em que havia 14 mil pessoas de todas as partes do mundo, profissionais de internet, para debater esse tema. Então vamos lá:

O QUE É O *INBOUND* MARKETING

Por definição, *inbound* marketing é toda forma de publicidade que se baseia em conquistar o interesse das pessoas com algo de valor, em vez de apenas interromper constantemente o conteúdo que estão consumindo. A ideia é que você não tenha de correr atrás do cliente, mas que seja encontrado por ele na hora em que ele precisar do seu serviço. E, quando estamos com um problema, o que fazemos? Procuramos

> ?
>
> NO ENTANTO, EXISTEM FATORES FUNDAMENTAIS QUE PRECISAM SER OBSERVADOS PARA ATINGIR SUA AUDIÊNCIA: O **MOMENTO CERTO** DE EXPOR O SEU PÚBLICO-ALVO À VENDA, A **PREPARAÇÃO CORRETA** E O **PORQUÊ** DO SEU PRODUTO SER O MELHOR INVESTIMENTO PARA SEU PÚBLICO NAQUELE MOMENTO.

a solução para esse problema na internet. Então, a grande chave aqui é: **seja *você* o solucionador do problema do seu público**.

O *inbound* marketing tem como principal estratégia trabalhar com conteúdo, nos mais diversos formatos: artigos em seu blog, e-book para download, podcast, infográfico, vídeo... O que sua criatividade permitir — desde que esses formatos tenham aderência e relevância para seu cliente. Sabendo exatamente qual é o problema do seu cliente e tendo a melhor abordagem de conteúdo, isso fará com que sua solução seja a primeira a ser encontrada por seu cliente na hora de fazer uma pesquisa no Google e, consequentemente, vai torná-lo uma referência. Concorda que esse percurso é bem menos agressivo do que aparecer em um anúncio que seu cliente em potencial não pediu para ver? Você é percebido como especialista de mercado, não como um chato que fica tentando empurrar seu produto.

E existem ainda mais vantagens para o empreendedor digital que escolher o *inbound* marketing como modelo de trabalho, como mostram os dados a seguir.

1. MENOR CUSTO

O custo por aquisição chega a ser 62% mais barato que utilizando o marketing tradicional, também conhecido como *outbound* marketing.[11]

2. ALTA CONVERSÃO

Empresas e empreendedores que fazem *inbound* marketing têm grande retorno sobre investimento (ou ROI, que avalia o retorno do investimento calculando a diferença entre o que foi desembolsado e o que foi faturado). A média é 60% acima do que é esperado em marketing tradicional.[12]

---

11 Disponível em: <https://www.demandmetric.com/content/content-marketing-infographic>. Acesso em: mar. 2018.

12 Disponível em: <https://br.hubspot.com/blog/marketing/15-estatisticas-sobre-inbound-marketing-no-brasil>. Acesso em: mar. 2018.

3. GERAÇÃO DE LINKS

Empresas que têm blogs, uma das maneiras de fazer *inbound* marketing, conseguem 97% mais links direcionando os visitantes para seu site do que as empresas que não têm blogs. Esse direcionamento ajuda no ranqueamento do Google, ou seja, em aparecer nas primeiras páginas do site de busca quando alguém digita as palavras-chave relacionadas ao seu negócio no campo de pesquisa.[13]

4. MAIS VISITAS

Empresas que adotam marketing de conteúdo recebem em média 3 vezes mais visitantes e 3,3 vezes mais leads, contatos de possíveis *prospects* (Martech 3).

5. MAIS VISIBILIDADE NAS BUSCAS

Dos brasileiros que têm acesso a internet, 90% pesquisam na web antes de realizar suas compras.[14]

6. MENOR REJEIÇÃO

Oitenta e dois por cento dos clientes têm uma visão mais positiva sobre a empresa depois de consumir conteúdo personalizado.[15]

 ESTA É UMA TENDÊNCIA DE MERCADO

É uma tendência que as empresas e as marcas cada vez mais foquem a construção de relacionamento com os seus *prospects* e, assim, construam uma audiência

---

[13] Disponível em: <https://www.demandmetric.com/content/content-marketing-infographic>. Acesso em: mar. 2018.

[14] Disponível em: <http://www.administradores.com.br/noticias/negocios/nove-em-cada-dez-consumidores-virtuais-consultam-a-internet-antes-de-realizar-uma-compra/101225/>. Acesso em: mar. 2018.

[15] Disponível em: <https://www.demandmetric.com/content/content-marketing-infographic>. Acesso em: mar. 2018.

QUANDO VOCÊ **GERA VALOR** PRIMEIRO PARA UMA PESSOA, LOGO TEM ALGUM CRÉDITO COM ELA.

mais fiel. Segundo o relatório da Martech 2017, que entrevistou 652 profissionais de empresas de tecnologia do Brasil, mais de 76% das empresas têm como objetivo aumentar seus investimentos em marketing de conteúdo.[16]

Tudo isso está se encaminhando para uma nova transformação na maneira de atender a audiência, à qual o Google está chamando de a "Era da Assistência". Quem me apresentou esse tema pela primeira vez foi minha amiga Suzana Apelbaum, diretora de criação do Google em Nova York. Na "Era da Assistência", as empresas que estabelecem o relacionamento com seu público respondendo às suas perguntas e gerando valor além do esperado têm muito mais a atenção e a reciprocidade dessa audiência.[17]

Quando você gera valor primeiro para uma pessoa, logo tem algum crédito com ela. Por exemplo, você já passou em alguma feira ou em algum restaurante em que alguém lhe deu uma amostra grátis e, depois disso, você ficou até constrangido, nem que tenha sido por um segundo, por não comprar aquele produto, com alguma vontade de retribuir a gentileza do vendedor? Quando você gera um valor, responde a uma pergunta ou elimina uma dor do seu público, dá certa amostra grátis do seu conteúdo ou produto. Assim, é mais difícil ser rejeitado, pois você aumenta as chances de essa audiência sentir mais vontade de retribuir o "favor" e o valor que você já prestou para ela.

COMO APLICAR TUDO ISSO E ENGAJAR MAIS A MINHA AUDIÊNCIA?

Agora quero lhe apresentar os três passos importantes para você aumentar o engajamento da sua audiência e trilhar o caminho que vai desde o ponto em que você chama a atenção de um público novo até a conversão em vendas. Então, vamos lá.

16   Disponível em: https://inteligencia.rockcontent.com/relatorios/martech-2017/. Acesso em: mar. 2018.
17   Se você quiser saber mais sobre a "Era da Assistência" e suas aplicações, acesse: <https://www.thinkwithgoogle.com/intl/en-154/insights-inspiration/thought-leadership/marketing-age-assistance/>. Acesso em: mar. 2018.

OS TRÊS PASSOS DA JORNADA DO ENGAJAMENTO
PASSO 1: ATRAÇÃO DO INTERESSE

Antes de mais nada, para chamar a atenção e atrair seu público, você precisa falar diretamente com ele. Seu cliente ideal precisa saber que você está falando com ele. E quanto mais assertiva e clara for sua comunicação com quem você está falando, melhor.

Vou lhe dar um exemplo: imagine que você está andando na rua principal do centro da sua cidade no horário mais movimentado e há centenas de pessoas passando para lá e para cá. Você grita para frente: Ei, você aí!

Há uma chance de algumas pessoas acharem que você está falando com elas. No entanto, a maioria dos que estiverem passando por ali vai ignorar seu chamado.

Agora, imagine se você gritar: Ei, você aí de verde!

A chance de uma pessoa que está vestida de verde achar que você está falando com ela é muito maior porque agora você falou uma característica dela. Você se comunicou de modo mais assertivo e direcionado.

O mesmo vai acontecer com o seu público quanto mais diretamente você falar sobre os medos e os desejos dele. Você já viu alguém falar na TV ou em uma palestra algo que fez você pensar: "Uau, essa pessoa parece que está falando para mim! Exatamente para mim!".

É esse sentimento que queremos que você provoque em seu público-alvo. Que você fale diretamente ao coração dele, sobre as angústias que ele mesmo tem dificuldade de expressar.

Então, como definir seu público-alvo? É isso que vou lhe mostrar a seguir:

ANTES DE MAIS NADA: DEFINA QUEM É SEU PÚBLICO-ALVO

Toda a estratégia desse novo marketing é estabelecida pelo público que você deseja atingir. Por isso, antes de tomar qualquer providência, você precisa definir quem é seu **público-alvo** ou sua *persona* ou avatar, seja qual for a definição que você escolher, o ponto é descrever detalhadamente quem é seu cliente ideal. Isso ajuda muito a definir as técnicas de marketing que você deve aplicar, pois os públicos costumam ser muito diferentes entre si. E se você não sabe quem é o seu cliente, ficará atirando para todos os lados sem atingir ninguém. Você precisa ter foco na sua comunicação, só assim será certeiro para conquistar o cliente que você deseja. Para definir o público-alvo, é preciso pensar em dados macro e em detalhamentos do comportamento desse público-alvo. Para fazer isso, responda às questões abaixo:

> **Qual o gênero do seu avatar?**
> **Qual a idade dele?**
> **Onde ele mora? Na cidade, no campo, na praia?**
> **Qual o seu rendimento mensal?**
> **Com o que ele trabalha?**
> **Qual o estado civil?**
> **Quais são seus desejos e suas frustrações?**
> **O que o faz acordar de manhã?**
> **Quais são as suas necessidades?**
> **Do que ele tem medo?**
> **O que tira o sono dele à noite?**
> **O que ele quer conquistar?**
> **Qual o melhor cenário em que ele consegue se imaginar?**
> **Qual o pior cenário em que ele consegue se imaginar?**
> **Por que ele precisa do seu produto ou serviço?**
> **Como ele gosta de se informar? Por vídeo, por texto, por gráficos?**
> **Quais os benefícios que o seu produto dá ao seu público-alvo que ele ainda não desfruta?**

É ESSE SENTIMENTO QUE QUEREMOS QUE VOCÊ PROVOQUE EM SEU PÚBLICO-ALVO. **QUE VOCÊ FALE DIRETAMENTE AO CORAÇÃO DELE,** SOBRE AS ANGÚSTIAS QUE ELE MESMO TEM DIFICULDADE DE EXPRESSAR.

A JORNADA DO CLIENTE **CAPÍTULO 4** 79

Essas questões ajudam a definir seu cliente-modelo e vão fazer com que você direcione as suas estratégias. E lembre-se de que é preciso se atualizar constantemente e responder de novo a essas questões de tempos em tempos, pois as pessoas (e os hábitos) mudam muito depressa. Então, uma dica que costumo dar a quem já tem clientes e precisa potencializar as vendas é conversar com essas pessoas. Quando você conhece quem está comprando de você, entende, na prática, quais são as demandas e o que você pode fazer para melhorar suas estratégias e converter mais.

Vou lhe dar um exemplo muito prático disso. Você se lembra de quando, no capítulo 2, eu contei que encontramos um domínio de mensagens para celular? Então, o site estava indo de vento em popa, tínhamos milhares de mensagens já catalogadas no site, tínhamos uma média de centenas de milhares de visitas por mês e eu queria saber cada vez mais o que as pessoas estavam querendo, em que mais eu poderia melhorar. Então, um belo dia, resolvi colocar um código de programação no campo de busca integrado com o meu Analytics, ou seja, ferramenta de análises do comportamento do meu público. Com isso, descobri que algumas pessoas estavam pesquisando sobre como ter essas mensagens diretamente no seu celular. Lembrando que ainda era uma época em que os smartphones não eram tão comuns nem as pessoas tinham o hábito de acessar os sites pelos seus celulares, como acontece hoje. Pois bem, a minha mente se voltou para isso, percebi a necessidade de as pessoas terem aquelas mensagens no próprio celular. Então, pensei, como eu posso fazer isso? Lembrei-me de alguns canais de TV que anunciavam produtos e serviços: "envie mensagem tal para número tal e receba mensagens no seu celular". Eu não sabia o nome disso ainda, mas fui em busca de como eu também poderia oferecer essa facilidade e, logo depois da minha pesquisa, descobri que o nome disso era Canal de SMS. Entrei em contato com uma empresa em Belo Horizonte que prestava esse serviço, comecei a contar para eles que eu tinha um blog de mensagens para celular e que queria que as pessoas recebessem as mensagens no próprio celular. Eles não estavam acreditando muito que o nosso canal de SMS seria um grande negócio para eles, mas eu insisti até eles toparem. Eles estavam acostumados a fazer canais de SMS para artistas e pastores famosos, então duvidaram do potencial do que eu estava apresentando. Lembro-me muito bem de que a pessoa que me atendia na empresa impôs uma condição para fecharmos o negócio: "Samuel, nós precisamos ter pelo menos 2 mil assinantes em 3 meses, se não conseguirmos isso, teremos de cancelar o seu canal de SMS".

Eu disse ok! Vamos nessa!

Eu não tinha a menor ideia de quantas pessoas eu poderia levar a assinar aquele canal de SMS, mas sabia que a minha audiência era engajada.

Resultado: no primeiro dia, conseguimos a adesão de 400 novos assinantes, apenas colocando banners informativos no nosso site. Não tínhamos uma lista de e-mail nem fazíamos propaganda. Apenas um banner informativo. Depois de uma semana, já tínhamos os 2 mil assinantes. A mesma pessoa que antes estava descrente do nosso negócio ligou entusiasmada, dizendo que foi o melhor lançamento de canal que eles já haviam tido até então.

A pessoa que desejasse assinar nosso canal deveria enviar uma mensagem de SMS para um número e confirmar que gostaria de receber o serviço. Ela teria sete dias de degustação, sem custos, para ver como seriam as mensagens, a ser enviadas duas vezes ao dia. Depois disso ela seria tarifada em R$0,31 a cada SMS que ela recebesse, descontados diretamente na sua conta de celular, e o valor depois nos era repassado. O usuário poderia cancelar esse serviço a qualquer momento.

O resultado dessa parceria toda foi que chegamos a ter sete canais de SMS com temas diferentes, que, juntos, passaram os 150 mil assinantes. Como você deve imaginar, nossa audiência adorou o serviço.

A grande questão é que, ao entender o que minha audiência queria, não só melhorei a forma com que eu entregava meu conteúdo, como também aproveitei uma oportunidade para transformá-lo em uma ótima fonte de receita para o meu site. Tudo isso sem precisar ser chato ou impor algo que a minha audiência não queria.

Com isso em mente agora, você tem um novo nível de entendimento de como se comunicar com a sua audiência ou futura audiência. E agora vamos para um ponto que é fundamental: gerar identificação.

A IMPORTÂNCIA DA IDENTIFICAÇÃO

Quando você usa uma chamada assertiva, automaticamente ganha a conexão com o seu público-alvo, e quanto mais você entender das dores e dos desejos, melhor você vai explicar para ele qual a sua solução. E quando você explica o problema do seu público-alvo melhor do que ele mesmo consegue explicar, ele automaticamente percebe que você tem a solução para o problema dele. E isso é muito forte, você ganhou a sua audiência aí.

Para eu desenhar o meu público-alvo hoje, por exemplo, suponhamos que o maior medo dele fosse não conseguir vender o suficiente; a minha comunicação deve ser voltada para estratégias de como vender mais usando audiência. Assim, muitas pessoas vão se conectar e parar para prestar atenção na minha mensagem, se essa for uma dor latente para elas.

PASSO 2: DOUTRINAÇÃO

Agora, é o momento em que você diz: "OK, eu sei quais são os problemas, as dores, vou começar a produzir conteúdo".

Bem, não se trata apenas de produzir conteúdo. Agora você precisa ter a consciência do que você está produzindo, qual é o papel final que o seu conteúdo terá nessa jornada: não basta mais simplesmente produzir um conteúdo, mas é necessário produzir um conteúdo que tenha um objetivo final, seja ele uma venda, seja a doutrinação de alguma ideia.

Como assim, Samuel?

O conteúdo que você produz e disponibiliza gratuitamente precisa estar alinhado com o que você vai vender posteriormente.

Muitas pessoas que hoje produzem cursos digitais ou vendem conhecimento pela internet têm a seguinte dúvida: "Se eu der o meu conteúdo de graça na internet, como eu vou vendê-lo depois?".

Primeiro, quando você vende algum conhecimento na internet, você não vende conteúdo; vende um método que vai levar uma pessoa do ponto A ao ponto B. Se o seu curso é apenas conteúdo, ele será apenas conteúdo. Agora, se o seu curso é também método, ele produz uma transformação na pessoa, ela entra de um jeito e, no final, chega ao outro ponto melhor do que no início. Pronto, você cumpriu sua missão.

O fato aqui é o seguinte: quanto mais o conteúdo educar a sua audiência para a importância do seu produto, melhor.

Vou dar um exemplo. Por um tempo, eu ofereci aulas on-line, que chamamos de webinar, com o objetivo de vender o meu evento presencial, o Segredos da Audiência ao Vivo. Quando eu as produzia, pensava simplesmente em um tema, por exemplo: como aumentar as minhas visitas vindas do Google e pronto. Dava esse conteúdo e no final dizia para a minha audiência ali, agora você quer aprender mais? Venha para o meu evento presencial! Meus resultados eram medianos.

Então, comecei a pensar: o que eu estou falando para eles que desperta a vontade de eles irem ao evento? O que transmiti ou que semente plantei para que eles não deixem de ir ao meu evento? E a resposta era sempre: quase nada!

QUANDO VOCÊ EXPLICA O **PROBLEMA** DO SEU PÚBLICO-ALVO MELHOR DO QUE ELE MESMO CONSEGUE EXPLICAR, ELE AUTOMATICAMENTE PERCEBE QUE VOCÊ TEM A **SOLUÇÃO** PARA O PROBLEMA DELE.

Então voltei e refiz o conteúdo que eu oferecia nessa aula, fiz uma engenharia reversa para entender quais eram as coisas mais importantes para convencer meu público da importância de comparecer ao evento.

Para mim, eram duas coisas: conteúdo e networking.

E aí eu percebi que ao longo da minha história de vida, os grandes saltos que eu pude dar aconteceram quando eu conheci as estratégias e as pessoas certas. E pronto! Saiu o resultado da minha aula ao vivo que mais converteu pessoas para o meu evento, cujo tema era: "Duas coisas mais importantes para ter sucesso na internet".

Eu entrava na aula e mostrava: Ponto 1: estratégias certas...

Mostrei os gráficos dos meus sites quando eu descobri a estratégia certa e já aproveitei para dar essa dica também para as pessoas implementarem. Mostrei quanto fazia sentido conhecer as estratégias certas.

Depois disso, cheguei ao ponto 2, as conexões certas.

E mostrei, com minha história, como conhecer certa pessoa que me ensinou me ajudou a subir de nível, e como conhecer aquela outra que me deu determinada ideia e ainda outra que me conectou com uma empresa tal revolucionou meus resultados.

No final, depois de apresentar esses dois pontos, eu dizia: agora quero lhe dar a mesma oportunidade que eu tive, que é de conhecer as estratégias e as pessoas certas. E isso acontece quando você está no evento em que aprenderá as estratégias de como fazer e se conectar com as pessoas que estão na mesma busca e na mesma energia que você. Chegou agora: o Segredos da Audiência ao Vivo.

Veja como o meu conteúdo estava 100% conectado com a minha oferta. Praticamente durante todo o meu conteúdo as pessoas já estavam pensando "nossa, eu preciso aprender mais essas estratégias certeiras... preciso me conectar com algumas pessoas com quem ainda não estou me conectando". E a solução para isso tudo, ou para os problemas que elas nem sabiam que tinham, era o meu evento presencial.

Muitas vezes há dores e desejos que sua audiência ou seu público-alvo ainda nem sabe que existem. E essa é a sua grande sacada na hora de produzir conteúdo. É claro que nem sempre dá para ser tão exato, mas o grande ponto aqui é o seguinte: todo conteúdo que você vai produzir na internet agora deve ter um porquê, seja gerar engajamento, seja as pessoas se conectarem com a sua história, seja elas entenderem o real valor do que você tem a oferecer. Assim você também vai parar de perder tempo produzindo conteúdo que não leva seu negócio a lugar nenhum.

Vou lhe dar outro exemplo de conteúdo fantástico produzido pelo meu amigo Denis Bai, um dos caras de mais alto nível que eu conheço para escrever roteiros para cartas e vídeos de vendas. Ele escreveu um conteúdo para uma pessoa famosa que ia lançar um curso de Detox.

E o primeiro e-mail da sequência de conteúdo deles tinha o título de: [Alerta] Vicia 8 vezes mais do que cocaína.

E no e-mail eles falavam sobre o vício do nosso corpo com os aditivos alimentares feitos pela indústria e carregados de açúcar. O e-mail incluía uma matéria com estudos que comprovavam tudo o que eles falavam e muito mais.

O fato é: eu fiquei chocado quando vi aquele conteúdo e queria saber mais. É claro, eles montaram uma estratégia que envolvia uma sequência de e-mails. No último, eles apresentaram a solução: um processo de desintoxicação que levava diretamente à solução do problema deles.

Entenda: seu conteúdo não deve ser composto apenas de **dicas soltas**, ele tem de seguir uma lógica que leve as pessoas a se interessar pelo que você vai oferecer depois.

Focar apenas números pode virar uma métrica de vaidade e não uma métrica de resultado.

FOCAR **APENAS NÚMEROS** PODE VIRAR UMA MÉTRICA DE **VAIDADE** E **NÃO** UMA MÉTRICA DE **RESULTADO.**

Outra coisa importante que tenho de dizer: pare de se preocupar apenas com números. Melhor do que números de inscritos, números de seguidores, é o dinheiro que entra na sua conta.

É claro que número de visitas, número de seguidores é importante e fundamental, mas antes de a escala se tornar importante, o conteúdo deve estar alinhado com o seu objetivo final.

PASSO 3: CONVERSÃO

Agora vamos falar sobre conversão das vendas, que é o que interessa, não é mesmo? Parece que até agora já falamos bastante de conversão, isso porque a forma com que você atrai a atenção da sua audiência e a forma com que você se comunica com ela precisa estar 100% alinhada com o que você vai vender. Se não, você pode atrair um público gigantesco, e não converter em vendas no final.

E você não quer isso, não é mesmo?

Vou lhe dar um exemplo de como eu "perdi" ao menos 30 mil reais por não me comunicar adequadamente com a minha audiência com o produto que eu tinha.

Um dos meus produtos, o treinamento on-line "1.000 visitas por dia partindo do zero", ensina uma pessoa a começar o seu blog do zero. Nele eu mostro como uma pessoa que reproduziu o meu método em 90 dias já tinha as suas primeiras 1.000 visitas por dia.

O grande negócio era que a minha carta de vendas era voltada para quem nem sabia que existia a possibilidade de ganhar dinheiro com a internet. Eu mostrava o passo a passo desde o começo para tornar isso possível.

No entanto, para chegar ao meu treinamento, antes a pessoa tinha acesso a um e-book grátis que criei com o objetivo de atrair o público.

Nesse e-book eu me comunicava com quem tinha dificuldade na hora de postar no blog, ou seja, o público-alvo que ia na minha página baixar esse e-book tinha ao menos um blog e seu problema era a dificuldade de produzir conteúdo.

Havia uma falha muito grande na minha comunicação nessa estratégia: eu atraía pessoas que tinham blogs e estavam com dificuldade de escrever, e depois re-direcionava para um vídeo de vendas que era voltado para pessoas que não sabiam nem ao menos que existia a oportunidade de ter um blog e ganhar dinheiro com isso. Minha comunicação era certa, mas para públicos em momentos diferentes.

Resultado disso, investimos em anúncios no Facebook para esse e-book grátis atrair o público, e depois de 30 mil reais investidos sem retorno, resolvemos abordar o teste. Por um momento chegamos a pensar que o problema era o nosso treina-mento. Contudo, testamos outras estratégias, como outros e-books com o tema voltado diretamente para quem queria ganhar dinheiro e ainda nem sabia que blog era uma opção. O que aconteceu depois disso? Centenas de milhares de reais de faturamento e um lucro muito maior.

VENDER O FIM E NÃO O MEIO

Acredito que essa seja uma das lições mais importantes na hora de converter a sua audiência em cliente.

Quando uma pessoa é muito boa no seu método e domina muito bem o conhe-cimento técnico, ela tem dificuldade de mostrar a transformação que a sua audiên-cia terá ao usar o método. E isso aconteceu com o Fagner Borges quando veio fazer uma consultoria comigo.

Ele tinha um programa que ensinava as pessoas a ganhar dinheiro com o seu método. Ele veio fazer uma consultoria comigo e o Felipe Moreira há algum tempo, quando eu ainda cobrava menos, 15 mil reais por quatro horas do meu tempo.

Ele tinha acabado de fazer um lançamento em que faturou 39 mil reais, e um mês depois da consultoria faturou 550 mil reais em uma semana, com o mesmo produto, com o mesmo nome e o mesmo método. Uma das principais mudanças foi a maneira com que ele começou a oferecer seu produto. Antes, ele era muito mais focado no seu método, e não no resultado que a pessoa teria aplicando o método. Essa é uma diferença gritante.

Seu público-alvo quer a transformação, a solução, e muitas pessoas se esquecem disso e vendem muito o meio ou, em alguns casos ainda pior, elas querem ser recompensadas pelo seu esforço.

Como assim? Vou explicar: uma vez fui fechar negócio com uma pessoa e ela começou a justificar o preço que ela estava cobrando pelo serviço porque teria de se dedicar muito, ficar menos tempo com o filho e que era muito difícil. Ela reclamou e se justificou tanto que eu não a contratei, e até fiquei com dó do filho dela por ela passar menos tempo com ele caso fechássemos o negócio.

Em contrapartida, um funcionário que contratei certa vez, quando eu perguntei na entrevista por que eu deveria contratá-lo, me disse: "Porque quando eu entrei na empresa anterior, eles recebiam menos de 1 milhão de visitas por mês, e depois de 6 meses que eu assumi a redação do site, levei o resultado para 3 milhões de visitas por mês". Eu disse: "Uau! Está contratado". Ele me vendeu o fim! O resultado.

E é exatamente isso que você deve vender para a sua audiência, o resultado que ela terá aplicando o seu método ou usando o seu produto ou tendo o seu serviço!

No entanto, além de oferecer o resultado final, as pessoas ainda podem ter algumas dúvidas no momento de decidir comprar ou não, e aqui vem uma das partes de que mais gosto dessa jornada: matar objeção! Existem ainda oito objeções que as pessoas podem ter na hora de comprar algo de você ou indicado por você. São elas:

1. Isso não funciona.
2. Não confio no vendedor.
3. Isso não funciona para mim.
4. Eu não vou conseguir implementar.
5. Eu não preciso disso agora.
6. Eu não tenho dinheiro.
7. E se eu não gostar?
8. Objeção na hora da compra.

Agora vamos nos aprofundar em cada uma dessas objeções e entender como combatê-las na hora de fazer a sua oferta.

 COMO COMBATER AS MAIORES OBJEÇÕES QUANDO FOR VENDER SEU CONTEÚDO

Muita gente faz tudo certo: cria um ótimo conteúdo, engaja a audiência, torna-se uma autoridade no assunto que domina, porém, na hora de vender... simplesmente não consegue. E sabe por que isso acontece? Porque costumamos esbarrar nas objeções dos compradores e não convertemos nossas vendas. Por isso, vou mostrar como o cliente demonstra essas objeções e como derrubá-las e vender seus produtos ou serviços. Vamos lá?

1. ISSO NÃO FUNCIONA

Essa é a primeira objeção clássica que as pessoas têm na hora de comprar um produto. As pessoas encontram um método que ensina a aumentar os seguidores do Instagram, por exemplo. E a primeira objeção que elas podem ter é: "Isso funciona mesmo? Ah! Isso não funciona!".

E É EXATAMENTE ISSO QUE VOCÊ DEVE **VENDER** PARA A SUA AUDIÊNCIA, O **RESULTADO** QUE ELA TERÁ APLICANDO O SEU MÉTODO OU USANDO O SEU PRODUTO OU TENDO O SEU SERVIÇO!

Você mata essa objeção mostrando **estudos de caso**. Podem ser casos seus ou de seus alunos. Mostre como você conseguiu alcançar algum resultado. Faça um vídeo mostrando como você conseguiu sair de 0 e chegar a 1.000 seguidores no Instagram, por exemplo. Você também pode mostrar como algum aluno seu alcançou os resultados que você ensina: "Vejam esse meu aluno que conseguiu de 0 a 1.000 seguidores aplicando o método em apenas um mês". No lançamento do meu primeiro curso on-line do Segredos da Audiência, por exemplo, mostrei vários casos de como alcancei 100 mil, 200 mil e 300 mil visitas por mês em alguns dos sites em poucos meses... Gravei um vídeo com as métricas e compartilhei na internet. Esse conteúdo mostrou que o método que usei funciona e gerou bastante autoridade para mim.

2. NÃO CONFIO NO VENDEDOR

"Será que esse cara é um picareta? Isso que ele está falando é bobagem." Essa é uma objeção muito comum, principalmente se for a primeira vez que seu visitante se depara com você ou com o seu produto. Afinal, ele ainda não o conhece e você provavelmente deve estar tocando em um ponto de grande valor para ele. Como resolver isso? Com autoridade. Já falamos bastante a esse respeito no livro, mas uma das maneiras mais eficazes para gerar autoridade é ter pessoas que falem sobre você. Ter muitas pessoas falando sobre você no mercado gera autoridade. Pode ser desde gente interessada no assunto que você aborda até profissionais do seu mercado que admiram seu trabalho. Afinal, quando um especialista em determinado assunto fala que você também manda muito bem e recomenda o seu produto, o consumidor se sente mais seguro. Erico Rocha, um expert em empreendedorismo que admiro muito, foi um dos primeiros a recomendar meu trabalho. Quando ele falou sobre mim num vídeo, transferiu parte da sua autoridade para mim e isso fez com que as pessoas confiassem mais no que eu tinha para oferecer — meus treinamentos ou meus eventos. E, de novo, mostrar seus resultados e gerar conteúdo de qualidade ajudam a quebrar essa objeção.

3. ISSO NÃO FUNCIONA PARA MIM

Seu público viu que seu método funciona para você e que você não é um picareta. No entanto, aí ele pensa: "Mas esse método não funciona para mim. Funciona para o seu negócio e o dos outros, mas para o meu não funciona porque o meu nicho é o artesanato". Isso acontece demais. Muitos pensam assim. Você vê uma pessoa bem-sucedida e fala: "Ah, ela é bem-sucedida porque trabalha na bolsa de valores". Ninguém pensa que aquilo pode acontecer para eles também. Como matar essa objeção? A primeira coisa é fazer as pessoas se identificarem com você. Nós somos seres humanos também. Devemos mostrar que apesar de termos um conhecimento a mais, não somos melhores ou mais espertos que ninguém. Uma forma interessante de fazer isso é mostrando que você acertou porque errou muito antes. Quanto mais você mostra que é uma pessoa comum, mais identificação e conexão você gera. Outra forma de matar essa objeção é com estudo de caso. Nessa situação você deve mostrar os casos mais extremos: aqueles alunos que trabalham em nichos incomuns, por exemplo, que teoricamente seriam mais difíceis de obter sucesso. A pessoa logo pensa: "Nossa, se deu certo até para ele nesse nicho, para mim vai dar certo também!".

4. EU NÃO VOU CONSEGUIR IMPLEMENTAR

Surgirão várias dúvidas como estas: "Ok, você tem autoridade, funciona para outras pessoas, funciona para mim, mas, eu vou conseguir implementar?

AFINAL, QUANDO UM **ESPECIALISTA** EM DETERMINADO ASSUNTO FALA QUE VOCÊ TAMBÉM MANDA MUITO BEM E RECOMENDA O SEU PRODUTO, O CONSUMIDOR SE SENTE **MAIS SEGURO**.

A JORNADA DO CLIENTE **CAPÍTULO 4** 95

Eu não tenho tempo, eu não sei mexer em programas de computador, eu sou tímido para isso, eu não sei como fazer...".

Como resolver isso? Estudo de caso é ótimo! Ele mata várias objeções. Aqui você deve mostrar estudos de caso os mais extremos possível. Mostrar casos de pessoas simples, que teoricamente são pessoas aleatórias, sem nenhum diferencial significante. Por exemplo, no nicho de emagrecimento. Você mostra uma dona de casa que acabou de ter um filho e que, usando o seu método, conseguiu emagrecer. O objetivo é fazer seu público ter a seguinte sensação: "Se ele conseguiu, eu também consigo!".

5. EU NÃO PRECISO DISSO AGORA

"Eu entendi que funciona para mim, que o método é bom, e que eu consigo implementar... (perceba que a pessoa vai resolvendo a própria forma de pensar)... mas, eu não preciso disso agora! Vou deixar para o mês que vem!" Como resolver isso? Com escassez. Fechar as suas inscrições ou um evento mudar de lote, isso faz com que o cliente tenha vontade de aproveitar antes que aumente o preço ou se encerrem as inscrições — senão, vai perder a oportunidade. O cliente precisa decidir na hora. Senão, vai sempre deixar para depois. Tem um caso que sempre acontece comigo: toda vez que eu vou ao supermercado, vejo o xampu na prateleira e penso: não, eu ainda tenho xampu em casa, depois eu compro. Alguns dias depois, enquanto tomo banho, o frasco está vazio sem que eu tivesse percebido que ele estava acabando. Afinal, por que eu não comprei naquele dia, ou por que eu não comprei o xampu em dobro para não passar por isso de novo? Por que isso acontece? As pessoas sempre deixam para depois. Então resolvemos essa objeção com escassez! Sempre lembrando, porém, de usar esse recurso com integridade!

6. NÃO TENHO DINHEIRO

Essa é uma objeção gigantesca. Não importa o país, não importa o local. Essa objeção é muito parecida com aquela: "Eu não tenho tempo!". Todo mundo tem tempo. "Por que você não fez aquilo? Porque eu não tive tempo." Mentira! Todo mundo tem 24 horas por dia. Não é que você não tem tempo. Você não tem prioridade. Com dinheiro é a mesma coisa. Você não tem dinheiro para comprar um curso que pode mudar a sua vida e custa 97 reais? Ou até 500 reais? Provavelmente, sim! Talvez você não tenha prioridade por esse curso, ou seja, sua prioridade é outra. Por isso, você precisa transformar sua oferta em prioridade para a pessoa que o está seguindo. Você pode criar esse efeito de prioridade gerando muito valor, mostrando quanto seu preço atual está bom e também gerando escassez, que também funciona bem aqui. Por exemplo, você já deixou de fazer um trabalho de escola ou de estudar para uma prova porque a data de entrega do trabalho ou da prova ainda estava longe, mas um dia antes da data você deu prioridade máxima ao tema? Se você já fez isso, nós dois somos parecidos! Portanto, gere senso de prioridade no seu cliente. E como fazê-lo?

A primeira coisa é o texto de venda, chamado no marketing digital de *copy*. A *copy*, que pode ser apresentada em formato de texto ou vídeo, precisa ser uma oferta irresistível. Nela você tem de mostrar por que seu curso deve ser prioridade para a pessoa naquele momento. Ou então, mostre que, se ela perder essa oportunidade, no futuro, vai lhe custar muito mais. "Quanto vai lhe custar não entrar nessa turma agora? Em quanto tempo você vai perceber isso?" Ou seja, escassez gera prioridade. Por exemplo: é Black Friday e você sabe que dali a algumas horas a promoção acaba. Você quer comprar uma torradeira, e isso se torna uma prioridade sua. Você pode estar ocupado com outras funções, mas você interrompe qualquer coisa para comprar aquela torradeira, senão vai perder a chance de comprá-la em condições tão boas. Prioridade é atenção.

Quando a questão do seu cliente é realmente não ter o dinheiro, você pode falar de condições de pagamento e também ancorar o preço, mas lembrando que isso não é o que faz a pessoa decidir. Se a pessoa tem prioridade, ela pega o cartão de crédito do vizinho emprestado, e compra.

Um caso muito legal sobre como tornar algo uma prioridade foi o que aconteceu com os irmãos Rodrigo e Gustavo Cançado, que gravaram um depoimento sobre o meu primeiro evento presencial. Eles disseram: "A gente estava sem condições financeiras para ir, mas o Samuel nos mandou um e-mail dizendo que a gente precisava estar lá, e nós demos um jeito e fomos!".

O fato curioso sobre esse depoimento é que eles "deram um jeito" e foram, ou seja, eles se reajustaram financeiramente para poder ir!

7. SE EU NÃO GOSTAR

A pessoa viu que o negócio é legal, viu que ela consegue implementar, já decidiu que o seu curso é prioridade para ela. Tudo bem? Ainda não... ela ainda pode ter outra objeção muito comum: "E se no fim das contas eu não gostar?". Por isso, essa é uma das últimas objeções. Como resolver isso? Oferecendo garantias. Geralmente, a garantia para venda de produtos digitais é de trinta dias. Funciona da seguinte forma: se em trinta dias o seu cliente não conquistar um resultado proporcional ao que o seu produto oferece, ou por qualquer outra desaprovação dele, você devolve o dinheiro. Existe uma garantia mais forte ainda, como apliquei e citarei no exemplo a seguir: A pessoa viria para a consultoria e, se ela não gostasse por qualquer motivo, eu pagaria a sua passagem. Ou, se ela não tivesse resultados em trinta, sessenta dias, eu devolveria seu investimento e ainda daria

ENTÃO, AO ANALISAR O **COMPORTAMENTO** DO SEU USUÁRIO, UTILIZE SEUS CLIENTES PARA ENTENDER COMO ELES TOMARAM SUAS DECISÕES. ASSIM, VOCÊ TERÁ ACESSO ÀS **OBJEÇÕES** ESPECÍFICAS QUE O IMPEDIRAM DE REALIZAR A COMPRA MOMENTOS ANTES.

mais mil reais por ela ter vindo e perdido tempo, como pedido de desculpas. Nunca precisei exercer essa garantia, isso mostra que a entrega foi muito boa. É uma coisa arriscada? Pode ser, mas você precisa estar seguro para fazer isso.

8. OBJEÇÃO NA HORA DA COMPRA

Aqui no escritório a equipe é composta principalmente de publicitários, e sabemos o poder de trazer a pessoa até o checkout, última página antes de fechar a venda. É fantástico! Entretanto, 60% das compras são feitas no PDV (Ponto de Venda). Uma pessoa chega no supermercado para comprar um sabão em pó da marca X e vê ao lado outro chamado Y e decide levá-lo. A mesma coisa acontece na página de confirmação de compra (checkout) quando a pessoa preenche todos os dados e não realiza a operação, ou seja, não compra. É algo até muitas vezes comum! Por exemplo, analisando um dos meus produtos digitais, apenas 13% das pessoas que chegam no checkout compram efetivamente, e essa média é ainda menor de algumas pessoas do mercado, chegando a 10%. Ou seja, 87% das pessoas que chegam no meu checkout não efetuam a compra. Por que isso está acontecendo? Falamos várias vezes de estudo de caso aqui, mas qual será a objeção na hora de apertar o botão de compra no checkout e fechar o negócio? Como no caso do integrante do meu grupo Black. Quando lhe perguntei por que ele não realizou a compra na primeira oportunidade, sua resposta foi: "Eu sabia que era bom, que era necessário, porém o valor era mais alto do que eu imaginava". Depois, o que fez com que ele mudasse de ideia foi ver o resultado das pessoas que, para ele, eram influentes.

Então, ao analisar o comportamento do seu usuário, utilize seus clientes para entender como eles tomaram suas decisões. Assim, você terá acesso às objeções específicas que o impediram de realizar a compra momentos antes.

Sempre existem algumas objeções na hora da decisão que são mais comuns ao seu negócio. Então, colete depoimentos de clientes ou alunos exemplificando as próprias objeções segundos antes de terem comprado e qual foi o fator decisivo para terem efetivado a compra. Ter esses depoimentos pode ajudá-lo até a pensar em estratégias de persuasão com futuros clientes. Por exemplo, você pode usar a experiência de seus clientes e incluí-la num vídeo de venda do seu produto ou serviço: "Olha! Eu estava sem dinheiro, mas decidi comprar o curso e foi a melhor coisa que eu fiz. De repente, comecei a ganhar dinheiro". Ou então: "Eu estava ali pensando em comprar, mas achava que o cara era picareta. Mas, decidi e comprei assim mesmo. Percebi que eu estava totalmente errado antes e ter comprado foi a melhor decisão que tomei". A pessoa que está assistindo ao vídeo ou decidindo a compra, sente-se motivada e é também influenciada a ter esse mesmo ponto de vista. Vale ressaltar que todos os depoimentos devem ser reais.

Quero que você preste muita atenção nessas oito objeções porque combatê-las fará toda a diferença na sua abordagem e, consequentemente, nos seus resultados.

———————

Os três passos da jornada do engajamento são importantes porque o ajudam a construir uma trilha com muito mais chances de fazer a sua audiência estar com você e escolher contratar seus serviços e/ou produtos. Como já deve ter percebido, grande parte da venda é feita antes da própria venda em si no novo marketing, ou seja, o conteúdo é uma das estratégias mais importantes para conquistar a atenção da sua audiência e gerar negócios. E é sobre isso que vamos falar no próximo capítulo.

CHECKLIST: OS PASSOS DA JORNADA DO ENGAJAMENTO

#1 **Atração do interesse:** defina seu público-alvo e seja especialista em interpretar suas dores e seus desejos. Quando você explica o problema do seu público-alvo melhor do que ele mesmo consegue explicar, ele automaticamente percebe que você tem a solução para o problema dele. Portanto, foque sua comunicação em gerar identificação.

#2 **Doutrinação:** seu conteúdo não pode ser composto apenas de dicas soltas, ele deve seguir uma lógica que leve as pessoas até o que você vai oferecer depois. Ou seja, todo o conteúdo que você produz deve ter um objetivo na jornada do seu cliente. Use seu conteúdo para reforçar a importância do produto ou serviço que você oferece.

#3 **Conversão:** no momento da venda, ofereça ao seu cliente não o meio, mas o fim, a transformação que ele terá ao adquirir seu produto ou serviço.

NÃO EXISTE CONTEÚDO LONGO, EXISTE CONTEÚDO CHATO

CAPÍTULO 5

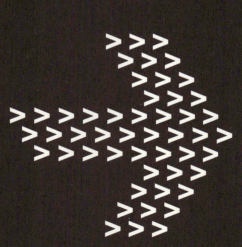

➡ HÁ UMA TESE POR AÍ QUE DIZ QUE 90% DAS PESSOAS QUE FAZEM NEGÓCIOS FALHAM. Ou seja, de acordo com essa ideia, apenas 10% de quem faz negócios consegue, realmente, destacar-se no mercado. E aí eu digo uma coisa para você: quero que seja parte dos 10% que terão resultado! Para isso, é preciso usar as ferramentas certas, é claro. Esse é meu papel aqui — ensinar você a aplicá-las no seu negócio ou na empresa onde trabalha. Podemos e vamos fazer acontecer, é só nos dedicar. Para isso, basta usar uma das minhas frases preferidas: "**dane-se a tese!**". Precisamos trilhar nosso próprio caminho. E, se ficarmos presos às teses alheias, isso nunca vai acontecer. Sabe por quê? Porque não vamos ter coragem para fazer diferente e testar — atitudes fundamentais para quem atua na internet, ambiente muito dinâmico e competitivo.

Se eu tivesse ficado preso a teses, não teria chegado até aqui, nem ajudado dezenas de pessoas a encontrar novas perspectivas de fazer negócios. Por isso, acredito que uma das minhas funções neste livro é mostrar a você as teses que devemos subverter. Algumas delas são muito disseminadas e se tornam mitos, e estes podem se tornar bem perigosos, pois ficam na nossa cabeça e muitas vezes nos impedem de tentar algo novo. E não dá para não inovar na internet, certo? Contudo, não se preocupe. Se você está travado por causa de algum desses mitos

DANE-SE
A TESE!

ou dessas teses que ficaram na sua cabeça, agora é a hora de combatê-los. Vou ajudá-lo com isso a partir de agora!

Uma das grandes teses que existem sobre conteúdo na internet é que nada pode ser longo. Nada. Nem textos, nem vídeos. Essa tese diz que, para atrair e engajar, é necessário fazer tudo sempre muito curto — afinal, quem é que tem tempo e paciência de ficar lendo um texto de várias páginas ou assistir a um vídeo de muitos minutos. Essa é a tese, mas quero lhe contar um exemplo que vai na direção oposta à essa tese. Uma das pessoas que participa do meu grupo Black, a Marília, fundadora da *fanpage* Marília Makeup. Ela tem uma história muito bacana.

Marília é maquiadora profissional, nascida em Natal (RN), e resolveu usar a internet para alcançar mais pessoas e ensinar o que sabe sobre maquiagem. Ela começou a sua primeira *Live* no Facebook para 40 pessoas que assistiam ao seu conteúdo ao vivo. Hoje, o número de pessoas que passam em cada uma de suas transmissões ultrapassa 1 milhão. Isso mudou a vida de Marília e a de seu marido também. Para você ter uma ideia, ele era piloto de helicóptero do presidente da República, trabalhava para a Força Aérea Brasileira (FAB), e resolveu deixar a segurança de um cargo público de elite e bem remunerado, que lhe daria "estabilidade" para o resto da vida, para atuar no empreendedorismo digital com a esposa e fazer parte da revolução que a internet cria nessa nova era em que vivemos. Por que estou contando a história de Marília para desmistificar a tese do "conteúdo precisa ser curto"? Porque ela é mestre em fazer *lives* no Facebook para ensinar seus seguidores a se maquiar. Até aí, nada contra a tese com a qual queremos acabar. A questão é o tempo das *lives*. Sabe qual é a duração média? Entre uma hora e meia e duas horas. Estou falando sério. E o conteúdo é tão bom que as pessoas ficam e fidelizam.

→ RETENÇÃO E INTERAÇÃO: AS DUAS COISAS MAIS IMPORTANTES NAS ATUAIS REDES SOCIAIS

Os resultados de Marília são tão bons porque ela dominou a arte da retenção que, ao lado da interação, é um dos pontos mais importantes quando trabalhamos com redes sociais. Vamos falar detalhadamente sobre interação no capítulo 6, mas agora quero explicar para você como funciona a retenção, com o exemplo de Marília, que é muito legal. A taxa de retenção dos seguidores dela é muito alta, pois os internautas adoram o conteúdo e estão interessados em assistir. Para eles, não importa a duração, o que importa é o que vão aprender com a Marília, a expert em maquiagem que eles mais respeitam.

Você pode conferir uma entrevista incrível que fiz com a Marília aqui: https://www.youtube.com/watch?v=EujlC4RAR_Q

A história de Marília e de vários outros profissionais que trabalham bem na internet têm me ajudado a desmistificar a ideia de que conteúdo on-line precisa ser curto para ser absorvido e causar interesse. A tese em que eu realmente acredito é a seguinte: não existe conteúdo longo, existe conteúdo chato! Essa é a mais pura verdade. Se o conteúdo for chato, não importa a duração — pode ter um minuto ou três horas —, as pessoas simplesmente vão desistir daquilo e partir em busca de algo mais interessante. Agora, se o conteúdo é benfeito, tem as informações que a audiência procura e consegue fazer com que as pessoas fiquem compenetradas, ele pode ser longo, pois haverá demanda.

Comecei a desconfiar da tese do conteúdo longo quando estava começando a fazer meus próprios vídeos. O pessoal dizia que, para subir conteúdo no YouTube ou em qualquer outra plataforma de vídeo, era preciso ser rápido e esgotar o assunto em cinco minutos. A tese era de que o pessoal não gostava de ficar vendo vídeos no computador ou no celular. Por um tempo, até comprei a ideia. No entanto, como sou um cara que desconfia de teses, comecei a desconfiar dessa também. Então, resolvi fazer o que eu mais faço quando quero checar se a tese é realmente verdadeira: testar. Fiz um vídeo muito estruturado, com roteiro e tudo o mais. Pensei em todos os aspectos e gravei um vídeo cinco vezes mais longo do que era recomendado, com 26 minutos. De acordo com a tese, meu vídeo tinha tudo para não dar certo; tempos antes de liberar o vídeo no YouTube, mandei-o para vários amigos para me dizerem o que acharam e a maioria disse: "Nossa, mas 26 minutos de vídeo é muito tempo, não sei se vai dar certo". Contudo, não foi o que aconteceu. Aquele vídeo foi um dos vídeos mais acessados: saí de uma média de 600 *views* nesse canal, e ele teve meio milhão de visualizações nos primeiros meses — e estou falando de um vídeo com conteúdo técnico e segmentado, não de um vídeo de entretenimento, piadas ou algo do tipo. Isso mostra, de novo, que precisamos falar "dane-se a tese". Fazendo isso aprendi que o que importa, de verdade, é a qualidade do conteúdo e não o tamanho dele.

Sei que agora você deve estar se perguntando: "Tá bom, Samuel, eu já entendi que conteúdo bom pode ter o tamanho que for que vai conseguir conquistar audiência, mas como eu crio um bom conteúdo?". Não se preocupe. É exatamente isso que eu vou lhe ensinar a partir de agora.

O QUE TRANSFORMA UM CONTEÚDO NUM BOM CONTEÚDO

Uma das coisas mais importantes que devemos saber sobre conteúdo é que, para atrair e engajar a audiência, é preciso ir além de produzir informações de qualidade. Para conquistar isso, você precisa estar atento aos pontos a seguir. Vamos lá?

> FALE AQUILO QUE DESPERTA O INTERESSE DAS PESSOAS

Às vezes, as pessoas têm um conteúdo que, para elas, é muito interessante e sobre o qual sabem todos os detalhes. Então, pensam que podem usar a internet para disseminar esse conhecimento e conquistar audiência. Na teoria, elas podem mesmo alcançar esse objetivo. O problema acontece quando, na prática, não há tantas pessoas interessadas naquele assunto. Aí, por maior que seja o esforço de produzir conteúdo de qualidade, não se consegue atrair a atenção das pessoas com eficiência. Por isso, é importante entender que, na internet, você não deve focar naquilo que você quer falar. E, sim, naquilo que as pessoas querem ouvir. Afinal, como diz Seth Godin, expert em marketing e um dos primeiros a atuar no marketing digital, "não crie uma demanda para um produto, crie um produto para uma demanda". Isso quer dizer que você pode (e deve!) aproveitar os conteúdos que estão mais próximos de você. É como se estivéssemos num pomar e, em vez de escalar as árvores mais altas para colher uma fruta, aproveitássemos para colher primeiro as frutas que estão ao alcance da nossa mão e muito mais fáceis de colher. Essa metáfora expressa exatamente o significado do princípio *low-hanging fruit*, expressão que se popularizou no mundo dos negócios e representa a importância de as empresas investirem em objetivos que sejam mais fáceis de ser atingidos, levem a resultados rápidos e maduros.[18] Então, você deve estar pensando: "Mas não posso ter a minha própria opinião?". Pode! No entanto, começar na internet é como abrir uma loja: você precisa fazer uma pesquisa de mercado. Precisa entender se aquele ponto da cidade tem movimento para sua loja e demanda para seus produtos. E isso que eu estou lhe contando não é percebido por 90% das pessoas que atuam on-line. Portanto, criar para algo que já tem demanda é um ótimo caminho, pois você não precisa gerar a necessidade: ela existe naturalmente! Seu papel será o de atender a essa necessidade — o que facilita muito sua atuação, ainda mais quando você está começando na internet. Para isso, é claro, você precisa descobrir quais são as demandas, sobre quais conteúdos o público está querendo ouvir. Uma

---

18 Disponível em: <https://www.linkedin.com/pulse/lower-tree-understanding-low-hanging-fruit-principle-business-yoon/>. Acesso em: mar. 2018.

das maneiras de fazê-lo é prestar atenção nas tendências que estão sendo criadas na internet. Depois disso, quando você já tiver uma grande audiência, a coisa mudará de figura, e aí você já poderá focar a criação de novas demandas, como grandes influenciadores o fazem. O grande problema é que as pessoas pulam etapas e querem começar como se já tivessem uma grande audiência.

O James e a Julia Doorman, também membros do meu grupo Black, entenderam muito bem a importância de valorizar as demandas do público para fazer o canal da Julia bombar. Saíram do zero e em pouco mais de três anos alcançaram mais de 2 milhões de inscritos no canal deles. O James até deu uma palestra incrível na edição do Segredos da Audiência 2017 ao Vivo, na qual falou sobre esse ponto. Ele compartilhou com sua audiência como a base para fazer sucesso é deixar o egoísmo de lado. Afinal, você não tratará dos assuntos que quer falar, e sim daqueles que as pessoas querem ouvir. Para isso, ele deu algumas dicas:

> Descubra quais são as maiores dúvidas do seu público e do que ele realmente gosta.

> Aproveite o que está em alta nos canais em que você atua para se beneficiar das oportunidades de se posicionar melhor nas redes sociais.

> Analise os indicadores da busca orgânica do seu público, especialmente a maneira como ele procura soluções sobre o que ou como fazer algo em busca de determinado benefício.

Para deixar claro como usar essas dicas, James deu o exemplo da Roda da Vida, ferramenta muito utilizada pelo coaching para ajudar as pessoas a entender como os pilares de sua vida (saúde, família, finanças, amor, trabalho, lazer, desenvolvimento intelectual e espiritualidade) estão. É uma ferramenta de autoconhecimento na qual você analisa se está cuidando de todos esses aspectos. Neste exemplo, se você quer entregar à sua audiência o conhecimento sobre a Roda da Vida, não adianta usar na chamada o nome da ferramenta. Afinal, as pessoas que não a conhecem não acordam e pensam: "Poxa, hoje eu preciso preencher minha Roda da Vida". Você deve atacar a dor da audiência, aquilo que ela está buscando e, num segundo momento, entregar o instrumental para que ela alcance a promessa. Então, neste exemplo, poderíamos ter: "Como melhorar sua performance no trabalho sem precisar fazer um curso novo"; "Como equilibrar a vida pessoal e a profissional em passos simples", entre muitas outras possibilidades. Pense nas soluções que sua audiência busca e direcione sua comunicação para falar exatamente o que ela quer ouvir.

Você pode conferir essa palestra do James Doorman acessando o QR Code ao lado: https://www.youtube.com/watch?v=SzshUcA4hb4&feature=youtu.be&t=8m56s

Vou dar um exemplo da minha história. Quando estava trabalhando com meu tio, comecei a mapear a internet para entender quais eram as necessidades do público. Navegando, notei que, naquela época, muita gente usava frases prontas para compartilhar no Facebook. Então, pensei que um site que daria um bom volume de acessos seria o "Frases para Facebook". Subi centenas de frases no site e as pessoas podiam entrar lá para pegar aquelas de que mais gostassem. Deu muito certo, havia bastante demanda. Percebemos que frases eram boas coisas para apostar e criamos sites com mensagens de amor, piadas engraçadas, pensamentos, e por aí vai.

Agora, existe uma ferramenta também que nos livrou de fazer algo em que as pessoas não estavam tendo mais interesse, ela se chama Google Trends.[19] Na época, meu tio e sócio me disse: "Vamos fazer um site de Frases para MSN!".

---

19 Disponível em: <https://trends.google.com.br/trends/https://trends.google.com.br/trends/>. Acesso em: mar. 2018.

NÃO EXISTE CONTEÚDO LONGO, EXISTE CONTEÚDO CHATO **CAPÍTULO 5** 111

Naquele momento, o MSN ainda era bem usado, mas fiquei desconfiado de que poderia estar passando o tempo dele. Então fiz uma busca, e descobrimos que ele realmente estava em declínio de interesse pelos usuários.

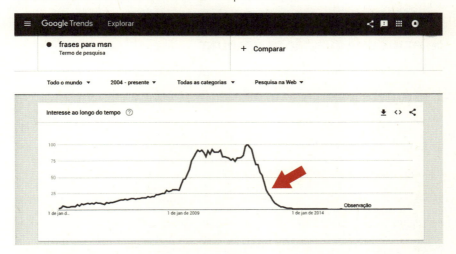

Isso também evitou que investíssemos em algo cujo interesse das pessoas estava diminuindo cada vez mais. Conhecer essa ferramenta vale ouro!

Com essa ferramenta também podemos obter várias ideias sobre como as pessoas estão falando na rede. Veja, por exemplo, no Dia Internacional da Mulher o que apareceu para mim de destaque:

Além de falar sobre o que as pessoas querem, é importante saber chamar a atenção delas para a necessidade que elas já têm e, assim, chegamos ao ponto de headline, nosso próximo tópico e questão fundamental na hora de planejar seu conteúdo.

> TUDO É UMA QUESTÃO DE HEADLINE

Headline nada mais é do que a chamada para um texto ou vídeo disponível na internet. Essa chamada precisa ser certeira, pois é ela que vai atrair para o seu conteúdo quem está navegando on-line. Para criar bons headlines, existem algumas técnicas que vou compartilhar com você em seguida. Antes, porém, é preciso entender um pouco a psicologia do internauta. Para isso, quero que você pense em seu próprio comportamento. Quando você está com a página de resultados de busca do Google aberta à sua frente, o que você quer? Quer saber mais a respeito de um problema que precisa resolver, certo? Essa é a motivação de 99% das pessoas que abrem um site para fazer sua busca. Então, para chamar a atenção de quem está navegando, é ideal que você cuide de três elementos básicos:

1. **Benefício**
2. **Energia**
3. **Tempo de resolução**

O seu conteúdo precisa ser a solução para essa equação, não importa em qual área você atua.

Vou dar um exemplo do que quero dizer com essa equação. Vamos supor que alguém tenha o seguinte problema: quer emagrecer! Como você montaria uma headline para chamar a atenção dessa pessoa?

Benefício: Perder peso.

Energia: Sem ter de parar de comer o que você gosta ou sem sofrer.

Tempo de resolução: Em pouco tempo!

> **COMO SERIA UMA HEADLINE MEDIANA:**
Como perder peso!

> **COMO SERIA UMA HEADLINE BOA:**
Como perder peso sem parar de comer o que você gosta,
sem sofrer e em pouco tempo!

Headlines feitas com esses três passos fazem total diferença. E, lembre-se, você está competindo com várias outras notificações e chamadas de atenção. Quanto mais potente for a sua, maior será a atração de atenção. Esse foi só um exemplo, e claro você sempre precisa trabalhar com a verdade e com o que você entrega no seu conteúdo.

E é esse o papel de quem atua na internet: oferecer boas soluções que demandam o mínimo de esforço necessário e que solucionam os problemas depressa, evidentemente, sempre prometendo o que é possível e dentro da integridade.

É preciso atuar na internet como um facilitador de tempo e entregar soluções velozes. E um dos melhores métodos para mostrar à audiência que você tem o que ela necessita é criando boas headlines.

Não é em 100% dos casos que você consegue ter os três elementos na sua chamada, mas, mesmo assim, a sua headline pode ser muito melhor se combinar esses pontos. Para ensinar a fazer isso, quero compartilhar com você como a Julia Doorman, que citei anteriormente, aplicou essa estratégia. Ela é autora do Cabelos de Rainha, que tem blog e canal no YouTube com mais de 2 milhões de inscritos. Julia fala de algo muito demandado na internet: cuidados com a beleza. Seu foco é ajudar as mulheres a escolher os melhores produtos e as melhores técnicas para aplicar nos cabelos, mas também dá dicas de maquiagem, dieta e maternidade. Julia cresceu muito na internet porque começou, entre outras atitudes, a tomar cuidado com as headlines que ela usa.

É PRECISO ATUAR NA INTERNET COMO UM FACILITADOR DE TEMPO E ENTREGAR SOLUÇÕES VELOZES.

James, contou como eles foram melhorando as chamadas ao longo do tempo durante uma palestra em uma das minhas edições do Segredos da Audiência ao Vivo.

No começo, o casal costumava fazer títulos como "cortar o cabelo ajuda no crescimento?". No entanto, perceberam que esse tipo de headline tinha um problema: não deixava claro nenhum benefício para os seus seguidores. Então, eles mudaram a estratégia e passaram a fazer títulos com a promessa muito mais clara. Partiram de "cortar o cabelo ajuda no crescimento?" para "o segredo das chinesas para o cabelo crescer rápido". Qual é a diferença entre as duas frases? A segunda gera muito mais curiosidade do internauta e combina várias palavras-chave importantes para o segmento em que a Julia atua, como "crescer", "cabelo" e "rápido". Então, se alguém procurar por um conteúdo relacionado a uma dessas palavras terá muito mais chances de cair num dos conteúdos dela. Tudo o que as pessoas querem é resolver rapidamente seus problemas usando a solução que entregue o melhor benefício e com o menor esforço. E você tem de informar rapidamente que oferece isso ao internauta. Em outro vídeo, que tem mais de 5 milhões de visualizações, Julia escolheu a headline: "PROGRESSIVA CASEIRA SEM GASTAR NADA! O melhor alisamento natural". Certamente esse vídeo não teria o mesmo sucesso sem essa headline poderosa. As palavras que você escolhe definem também seu sucesso — são elas que vão fazer a audiência encontrá-lo e o colocarão lá no topo dos sites de busca. É por isso que, agora, precisamos falar sobre otimização de mecanismos de busca (*search engine optimization*, o famoso SEO).

> A IMPORTÂNCIA DO SEO – E DE ESCOLHER AS PALAVRAS CERTAS

Quando você faz uma busca no Google, vários links aparecem numa sequência específica. Seu impulso é sempre clicar nos primeiros links que aparecem na lista — e raramente você vai até a segunda ou a terceira página de pesquisa, certo? Pois então, a maioria das pessoas navega como você, esperando por uma resposta satisfatória que seja dada rapidamente e cuja pesquisa não demande muito esforço. Por isso é tão importante estar entre os primeiros resultados: quem está lá em cima vai ganhar muito mais visitas.

Uma pesquisa realizada pela Advanced Web Ranking Organic CTR Research[20] mostra bem o impacto do seu posicionamento no ranking de pesquisa para a expectativa de visitantes. Segundo os dados que eles levantaram, a primeira posição no Google chega a receber aproximadamente 30% dos cliques, somando os três primeiros lugares seriam 70% das visitas, já somando da quarta até a décima posição, temos algo em torno de 30% dos cliques nos resultados de busca, a décima posição chega a receber apenas 2% das visitas de quem está procurando algum conteúdo ou informação pela internet.

É claro que dá para pagar para aparecer entre os primeiros, com um anúncio, por exemplo. No entanto, o que quero lhe mostrar aqui é o caminho para se destacar sem precisar pagar por anúncios, ou melhor, de maneira orgânica. Antes que você se desespere, saiba que dá para melhorar o ranqueamento de qualquer site, blog ou canal de YouTube. E eu vou dividir algumas dicas com você agora.

A IMPORTÂNCIA DAS PALAVRAS-CHAVE

Uma das primeiras coisas em que você precisa prestar atenção para deixar seu conteúdo excelente e com relevância on-line é nas palavras-chave. Você não pode se esquecer de atribuí-las em todo o conteúdo que produz — texto, foto ou vídeo. Quanto mais palavras-chave fortes você tiver, maiores suas chances de atrair audiência. Um conceito interessante nesse sentido é o de *long tail*, ou "cauda longa", que significa ter ampla gama de conteúdos desenvolvidos com base em palavras-chave específicas para fazer com que o site dono daquele conteúdo

---

20 Disponível em: <https://www.smartinsights.com/search-engine-optimisation-seo/seo-analytics/comparison-of-google-clickthrough-rates-by-position/>. Acesso em: mar. 2018.

consiga atender às diferentes buscas de um usuário. O diagrama abaixo ajuda a entender o conceito.

Ter "cauda longa" nada mais é do que se cercar de palavras-chave para se certificar de que está aumentando as suas chances de o internauta "cair" no seu site quando ele fizer uma pesquisa que tenha alguma relação com o seu conteúdo. Vou dar alguns exemplos para ficar mais claro.

As palavras "barco", "marketing", "tênis" e "celular" são palavras-chave generalizadas (P.C.G.). Para o conteúdo em cauda longa, é preciso criar palavras-chave específicas (P.C.E.), como "marketing digital para fisioterapeutas", "tênis ortopédico feminino para caminhada". E como isso interfere no SEO? Uma palavra-chave generalizada tende a possuir grande variedade de palavras-chave específicas. O quadro abaixo deixa isso mais claro:

P.C.G.	P.C.E.
tênis	Tênis ortopédico feminino para caminhada, tênis de corrida amarelos para chuva...

Imagine, então, que você tenha uma loja virtual que vende tênis. Quanto mais conteúdo e tipos de tênis ou assuntos relacionados ao tema você tiver, maiores serão as chances de você receber visitas de qualquer uma das palavras-chave, por exemplo: tênis de corrida amarelos para dias de chuva. Assim maiores serão as chances de começar a receber visitas vindas de palavras-chave *long tail*, que são mais fáceis de competir. Apenas depois que o seu site for considerado mais confiável e com maior relevância para o Google, será provável que você comece a ganhar mais espaço nas palavras-chave mais disputadas como a *short tail*: tênis.

A importância da "cauda longa" é que os sites ficam cada vez mais estimulados a ter uma produção massiva de conteúdo. Todo mundo quer ser encontrado através de qualquer tipo de busca que tenha a ver com o mercado em que atua, certo? Então, quanto mais conteúdo publicado você tiver, maior a probabilidade de você ser encontrado pelos buscadores e maior a probabilidade de aumentar sua audiência e suas vendas, afinal uma das intenções de uma *long tail* é que um conteúdo leve a outro. Então, se você tem um site que vende tênis, é legal ter textos e vídeos sobre esportes porque, quando alguém fizer uma busca de "benefícios da caminhada", por exemplo, pode cair no seu site, caso você use a palavra-chave específica "tênis para caminhada" num texto sobre o assunto. Entretanto, nada disso vale se você não produzir conteúdo de qualidade — o assunto do nosso próximo tópico.

IMPORTE-SE COM QUEM ESTÁ ASSISTINDO OU LENDO VOCÊ

Vamos falar bastante sobre esse assunto nos próximos capítulos, mas já quero introduzi-lo aqui: você precisa criar bom conteúdo. Se não tiver isso, não importa quais são as estratégias de atração de audiência que você usa, pois não vai criar um público que o considere um especialista no assunto sobre o qual você resolveu falar. Você precisa estruturar sua forma de criar conteúdos, descobrindo o tipo de abordagem que funciona melhor para o seu público. Lembra-se do público-alvo de que falamos no capítulo anterior? Então, é preciso estar com ele sempre em mente e, ao mesmo tempo, olhar para o que está funcionando e o que não está funcionando.

Ferramentas como o Google Analytics ajudam bastante nisso, pois você vê em tempo real os conteúdos que estão com audiência e os que não estão. É importante nunca esquecer de que é preciso respeitar quem acessa seu site. Você deve entregar o que promete, senão, estará enganando quem clicou no link. Quando você as engana, as pessoas não voltam mais — e você quer que elas voltem. Nos próximos capítulos, vou lhe mostrar como engajar a audiência, algo fundamental para aumentar seu público e, evidentemente, seus ganhos.

AS 12 PALAVRAS PODEROSAS QUE VÃO ENRIQUECER SUA HEADLINE!

Fiz uma lista com palavras que são ótimos gatilhos-mentais. Se você as usar em suas palavras-chave, certamente atrairá mais audiência para o seu conteúdo e dará mais potência a sua headline.

1. MAIS

A palavra "mais" cria a sensação de possibilidades. Quando você a coloca no título de um texto ou de um vídeo, desperta o interesse tanto de quem domina o assunto como de quem não o domina. Um exemplo: "Aprenda **mais** sobre produção de texto". Esse título pode atrair tanto pessoas que estão iniciando no assunto e querem se aprofundar como aquelas que já realizam algum trabalho com esse tema, mas querem dar um passo além.

>

2. A/O

O uso de um artigo definido (a, o, as, os) no início de títulos é criticado por alguns especialistas da área de redação. No entanto, um bom *copywriter* (redator especializado em conteúdos publicitários) deve saber se adaptar entre manter a norma-padrão e construir um diálogo que vai gerar algum tipo de conversão. Ao usar um artigo definido, principalmente no singular, ressaltamos que aquela informação é única e valiosa. É muito diferente falar: "Uma banda que bombou nas paradas" em vez de "A banda que bombou nas paradas".

O título abaixo, de um artigo que eu escrevi para a minha coluna na *Infomoney*, é um exemplo.

Nele fica evidente que naquele conteúdo existe uma informação importante para quem deseja saber como aumentar a produtividade.

3. VOCÊ

Quando se escreve, escreve-se para quem? Eu escrevo para aquela pessoa que quer obter alguma informação útil e rica sobre tráfego, audiência e empreendedorismo digital. E eu quero falar especificamente com essa pessoa, por isso uso tanto o "você". Se eu generalizasse e usasse o plural, o leitor não se sentiria próximo de mim – o que é péssimo, pois o interlocutor fica mais atento quando sente que a mensagem foi direcionada a ele. Um exemplo é o seguinte:

4. COMPROVADO

Você gosta de perder tempo ou ser enganado? Tenho certeza que não. Por isso, a palavra "comprovado" dá muito certo: ela transmite a mensagem de que aquilo funciona mesmo!

Repare no exemplo do Viver de Blog, um dos *cases* de empreendedorismo digital que costumo acompanhar:

O que está escrito entre parênteses é o que o convenceria a abrir o material, caso já não tivesse sido convencido pela proposta de saber como produzir conteúdos contagiantes. O poder dessa palavra é dar a "carta-da-final" na persuasão e gerar credibilidade.

5. NUNCA

"Nunca diga nunca." Apesar de ir contra o ditado popular, aconselho a usar a palavra "nunca" em seu conteúdo. É um termo de negação, mas, quando bem empregado, atrai a atenção, pois indica aquilo que não deve ser feito ou algo que se mostre essencial para criar no seu público certo senso de urgência e tomada de atitude. E é uma palavra instigante, pois nós queremos saber como fazer nosso negócio dar certo o máximo possível:

6. NOVO

Quem busca informação, busca novidade. Quando você reafirmar que em seu conteúdo terá algo novo, vai fisgar o leitor. Se você fosse fazer uma dieta, você faria a mesma que fez da última vez, ou uma mais recente? Você quer o método aparentemente antigo ou o novo, provavelmente aperfeiçoado? É claro que você vai preferir o novo. É instintivo! Exemplo: "Novo método de emagrecimento choca brasileiros!".

7. CONVERTER

Você está em busca de resultados, certo? Então, nada mais justo citá-los para que você seja ainda mais direcionado àquele conteúdo. Uma palavra poderosa responsável por esse efeito é "converter". Veja o exemplo abaixo:

Então, quem busca ajuda para desenhar um modelo de proposta de parceria, ao se deparar com essa chamada, logo se conectará. Você dá a informação (mídia-kit), ensina o método (editável) e apresenta o resultado (mais converte em vendas).

8. AGORA

A palavra "agora" indica precisão, transmite solução imediata e traz o leitor para o presente.

Aquela pessoa que estava insegura para começar o próprio negócio foi "intimada" a absorver um conteúdo direcionado a ela e se sentiu inclinada a clicar no texto. Isso porque a palavra "agora" indica oportunidade limitada: se você não clicar nem participar naquele momento perderá sua chance. É um bom termo para usar em textos que chamam para inscrições no seu canal, sempre vale a pena colocar um "inscreva-se agora".

9. INSTANTÂNEO

Muita gente quer transformações rápidas e imediatas. E "instantâneo" oferece praticidade e solução veloz para aquele problema. Funciona muito bem especialmente para períodos em que seu público está lidando com bastante pressão para atender algum prazo, por exemplo: passar no vestibular, resolver as pendências de final de ano, declarar Imposto de Renda, entre centenas de outras possibilidades.

10. GRÁTIS

Há promessas e há presentes. Se as promessas, quando bem formuladas, já convertem bem, imagine quando alguém lhe oferece um presente. Pode ser qualquer coisa, como um e-book, uma série de vídeos ou um infográfico. Por exemplo:

"Grátis" nos faz pensar que seremos recompensados. E ninguém quer perder uma bonificação, certo?

11. FÁCIL

Lembra dos três pontos de uma boa headline? O fácil entra em Energia; se algo é fácil, requer que se aplique o mínimo possível de energia para obter resultados.

E ainda quebra as objeções dos leitores que o consideravam complicado. Como no exemplo abaixo, de Julia Doorman.

12. IMAGINE

Dê o poder para seu usuário visualizar aquilo que ele quer conquistar. Deixe que ele imagine aquela situação, aquele sonho e assimile que o caminho para conquistar o que ele deseja passa pelo seu conteúdo. Quando você desperta a imaginação da sua audiência, torna a leitura mais divertida e ajuda a fazer com que o conteúdo seja assimilado com mais facilidade. Veja um exemplo de um post do meu blog:

> Imagine se alguém digita nos buscadores algo relacionado ao assunto que você aborda em seu blog/site, e você aparece em primeiro lugar das buscas?
>
> Sendo novo ou usuário recorrente, você se mostrou pronto! Isso te torna, pode ter certeza, muito irresistível, além de aumentar suas visitas significativamente!

Nesse exemplo, convido o usuário a se imaginar numa situação que eu estava descrevendo: estar em primeiro lugar nas buscas. Sei que o meu leitor deseja muito isso, então, quando coloco a palavra "imagine", eu o convido a fazer parte de algo que ele quer – o que faz com que ele se dedique mais a absorver o conteúdo que estou compartilhando. Faça o seu usuário imaginar o desejo dele, que você preencheu naquela tabela, concretizando-se. Por exemplo: "Imagine-se emagrecendo 3 quilos em pouco tempo, como seria bom não é mesmo?".

 **CAPÍTULO 5**

AS 44 MANEIRAS DE NUNCA FICAR SEM ASSUNTO

Conteúdo bom é conteúdo que atrai, não importa o tamanho. Sei que manter um site, blog ou canal começa a ser uma tarefa mais difícil e quanto mais consistente na produção de conteúdo você for, melhor. E por isso agora vou dar dicas que o ajudam a sempre ter o que dizer – independentemente do seu tipo de conteúdo. Estes conselhos ajudam quem está começando porque, nessa fase, todo mundo vive a síndrome da folha em branco, que nos faz ter os seguintes tipos de pensamento: "O que eu escrevo? Parece que eu já falei tudo o que tinha para falar, e agora?". O bom é que dá para driblar essa síndrome com as técnicas a seguir, que eu fui aprimorando na minha jornada de empreendedor digital.

#1 **Lista top 10:** funciona em qualquer nicho e pode ter milhões de variações, desde os 10 melhores alimentos para quem quer emagrecer até as 10 praias mais visitadas do mundo. Por exemplo: "Os 10 melhores destinos do Nordeste!".

#2 **Como fazer:** uma das buscas mais comuns do Google começa com as palavras "como fazer". Aproveite essa demanda e ensine seu público a fazer o que ele deseja – seja um penteado para formatura, seja construir uma estante de madeira. Por exemplo: "Como fazer progressiva em casa".

#3 **Estudo de caso:** casos reais de sucesso sempre atraem porque mostram dados e explicam ao público como conquistar determinado objetivo. Por exemplo: "Estudo de caso: Segredos da Audiência".

#4 **Perguntas e respostas:** aproveite os comentários dos seus seguidores para gerar conteúdo. Esse tipo de post costuma ser mais eficiente quando feito em vídeo ou no Facebook, onde há maior interação. Julia Doorman usou essa estratégia e criou uma categoria em seu canal, chamada "Julia Responde", para tirar as dúvidas de seus seguidores.

#5 **Checklist:** esse formato atrai por ser prático e bem objetivo. Por exemplo: "Checklist para organizar seu casamento sem dor de cabeça".

#6 **Guia:** quando o assunto é técnico e demanda aprofundamento, os guias são a melhor pedida. Uma sugestão é que você os publique de maneira que seu público posso baixá-los. Por exemplo: "O guia definitivo do SEO".

#7 **Série:** fazer posts em série é interessante porque gera engajamento e relevância – afinal, você pode "linkar" os outros posts em cada uma das publicações. Por exemplo, com o Denis Bai fiz a série "10 dicas para fazer crescer seu canal no YouTube (Parte 1)".

#8 **Pesquisas:** pesquisas e estudos científicos sempre geram resultados polêmicos que atraem a curiosidade. Por exemplo, "7 conclusões do maior relatório sobre *inbound* marketing", publicado pela HubSpot.

#9 **Entrevista:** aqui entram entrevistas com alunos que aplicaram o seu método, especialistas em sua área ou pessoas que fizeram algo relevante e que pode ser um conteúdo útil para quem está assistindo. Por exemplo, em 2015, publicamos: "Entrevista com a primeira blogueira de looks diários – Cris Guerra".

#10 **História:** escrever sobre aspectos históricos é algo que gera interesse, engajamento e que nunca perde a relevância. Por exemplo: "Descubra tudo sobre os maiores empresários de todos os tempos e sua visão sobre gestão".

#11 **Hype:** quando há uma novidade que acabou de bombar, nem todo mundo a conhece. E quem quer saber mais vai procurar sobre o assunto – e encontrar o seu post! Eu fiz um vídeo usando essa estratégia para falar de uma novidade que chamou a atenção de todo mundo: "WHATSAPP BUSINESS Chegou no Brasil! WhatsApp para Negócios!".

#12 **Lista:** transformar o conteúdo em lista chama a atenção e cria uma leitura bem dinâmica. Estudos revelam que números ímpares atraem ainda mais. Por exemplo, fiz um vídeo cujo título era: "Luiza Trajano: 7 segredos que aprendi com ela".

#13 **Post comparação:** todo mundo gosta de saber se uma coisa é melhor ou pior que a outra. Por isso, pode apostar sem medo nos posts de comparação – ainda mais se você tiver um e-commerce. Um artigo que produzi e funcionou muito bem foi o: "*Outbound* marketing *vs inbound* marketing: o marketing tradicional morreu?".

#14 **Relatório:** use uma situação do cotidiano para ajudar o internauta a saber como agir – , por exemplo, quais os impactos para a economia com o dólar mais alto. Um conteúdo possível seria um artigo: "O que você precisa saber sobre as criptomoedas: previsões e resultados".

#15 **Melhores do ano:** isso engaja o internauta, pois ele vai ficar um tempão navegando no seu conteúdo. E é uma forma de reaproveitar seu conteúdo. Por exemplo: "Os melhores discursos do ano".

#16 **Retrospectivas:** mostre os fatos mais importantes do seu blog, isso é bom também na geração de engajamento. Por exemplo: "Os melhores artigos que compartilhamos".

#17 **Dicas de produtos:** são mais comuns em blogs de beleza e moda, mas podem ser usados em quase todos os nichos, pois para todos os setores há serviços e produtos à venda. Você pode até criar parcerias com marcas para fazer divulgação. Por exemplo, um artigo que publiquei no meu blog: "6 aplicativos no Chrome para você ganhar mais tempo e ser mais produtivo".

#18 **Onde encontrar:** ajude o internauta a achar o que ele procura – e, de novo, pode fazer uniões com afiliados e parceiros. Por exemplo: "As melhores lojas para quem quer gastar pouco e comprar looks estilosos em São Paulo".

#19 **Previsões:** no início ou no final do ano, faça suas previsões para o setor em que você atua. Quanto mais embasado for o post, melhor. Assim você ganha autoridade. Por exemplo: "Tendências para negócios digitais para este ano".

#20 **Desafio:** são publicações divertidas, em que você cumpre um desafio e repassa a brincadeira para o internauta. Cuidado, no entanto, pois o desafio deve ser lúdico e nunca colocar a vida de ninguém em risco. Por exemplo: "Desafio: quem conhece melhor o outro".

#21 **Concurso:** você pode premiar alguém com um produto seu e, para isso, pedir compartilhamento ou comentários para seu post, o que gera muito engajamento. Por exemplo: em 2014, a Editora Gente realizou um concurso cultural na Bienal do Livro pedindo que as pessoas criassem melhores respostas para a frase "Livro é o melhor presente de todos, pois...".

#22 **Quiz:** os testes são muito populares e podem ser aplicados em qualquer temática. Eles atraem muito a atenção. Por exemplo: "Teste seus conhecimentos em marketing".

#23 **Estatística:** quando você tem estatísticas próprias para compartilhar, o post funciona muito bem, pois você está mostrando seu conhecimento naquela área. Por exemplo: "As 15 estatísticas sobre *inbound* marketing".

#24 Profile post: escreva sobre pessoas relevantes para seu nicho. Conte as histórias delas e mostre que você conhece muito bem seu mercado. Por exemplo: "Tudo o que precisa saber sobre [coloque o nome da pessoa a ser retratada]".

#25 Post colaborativo: convide especialistas para falar sobre determinado assunto – além de gerar bom conteúdo, esses posts têm mais compartilhamentos, pois quem participou vai compartilhar. Por exemplo, um dos vídeos que fiz no meu canal e deu muito certo foi com o Bruno Picinini: "Ele largou a Arquitetura para ter férias sem-fim!".

#26 Frases inspiradoras: as pessoas amam ser inspiradas, não importa o nicho! Por exemplo, uma frase que divulguei em meu perfil do Instagram: "Grandes pessoas têm mania de grandeza!".

#27 Melhores posts: é um bom jeito de selecionar seu conteúdo, você pode agrupá-los por assuntos semelhantes. Por exemplo: "Os melhores posts sobre empreendedorismo que você precisa ler agora".

#28 Melhores da semana: reúna os posts que deram mais o que falar naquela semana. Por exemplo: "Os melhores vídeos desta semana".

#29 Pessoas para você seguir: indique perfis para seu público – isso é legal porque sempre pode gerar uma retribuição de quem foi indicado por você. Por exemplo: "7 canais do YouTube de empreendedorismo digital para você seguir", artigo que publiquei no meu blog.

#30 Post de humor: publique tirinhas, charges, vídeos engraçados. Isso descontrai a audiência e gera muito engajamento. Por exemplo: compartilhe uma história engraçada que você viveu.

#31 Rapidinha: um post curto, mas com um ensinamento bem objetivo e que gere valor para seu público. Pode ser como gravar um vídeo no notebook, como passar delineador ou como tirar manchas de bolor das roupas. Por exemplo, o Luís e o Eduardo do canal do YouTube Engehall que criaram as "Dicas Flash".

#32 **Opinião:** abra espaço para discussão de um assunto polêmico e divulgue os resultados de forma criativa, como num infográfico. Por exemplo: "O que eu acho sobre a atualização do Facebook + Infográfico com os tópicos mais importantes".

#33 **Crônica:** poste uma crônica de outra pessoa (sempre indicando a fonte) sobre um assunto relacionado ao seu conteúdo. Por exemplo, a publicação feita no *Estadão* em 2010: "A primeira crônica de Nelson Rodrigues sobre o Pelé", publicada no "Caderno de Esportes".

#34 **Entenda como:** explique, de forma simples, o funcionamento de algo complexo. Por exemplo: "Entenda a crise política brasileira em 3 minutos".

#35 **Post comemorativo:** aproveite as datas especiais, como Dia das Mães ou Natal, para criar conteúdo – podem ser frases para o cartão de Dia das Mães ou como fazer enfeites baratos de Natal. Por exemplo: "5 mensagens para compartilhar no Dia do Amigo".

#36 **Making off:** as pessoas gostam de saber o que acontece "nos bastidores" do seu dia a dia. Mostre como é sua mesa de trabalho e conte a elas sua rotina – use fotos e vídeos para ilustrar. Por exemplo: "Por trás dos bastidores do SDA 2018".

#37 **O que há de novo:** conte as novidades da sua empresa, como a nova equipe, os novos equipamentos, o novo cliente etc. Por exemplo: "Próximo post estamos de casa nova", artigo publicado pelo Coxinha Nerd.

#38 **Post debate:** proponha o debate e deixe que as pessoas deem opiniões, defendendo lados, mesmo que opostos. Por exemplo:

"Debate sobre SEO e links patrocinados – Parte 1", promovido pelo Web Estratégica.

#39 Showcase post: mostre um projeto que você desenvolveu – conte desde o início da execução até os resultados. Eu, por exemplo, compartilho os resultados do meu evento: "Saiba como foi o Segredos da Audiência ao Vivo!".

#40 Para baixar: entregue PDFs, gráficos, planilhas, imagens... qualquer conteúdo que ajude seu público a resolver os problemas. Eu uso bastante essa estratégia. Uma das minhas produções é: "[E-book] 10 maneiras de como aumentar suas visitas vindas do Google".

#41 Você sabia?: falar sobre assuntos curiosos chama muito a atenção. Vasculhe curiosidades da sua área e compartilhe-as com seu público. Por exemplo: "Você sabia que é possível ser o primeiro colocado no ranking do Google trabalhando com palavras-chave?".

#42 Definições: explique um conceito da sua área para o seu público. Por exemplo, publiquei um artigo chamado "Ciclo Domination: a estratégia que você precisa conhecer".

#43 Post de convidado: convide um especialista para falar sobre um assunto ao seu público – ele certamente vai compartilhar com os seguidores dele também. Por exemplo: "Como ser mais produtivo (com Henrique Carvalho)", conteúdo que levei para o YouTube.

#44 Tutorial: o passo a passo para ajudar seu público a fazer alguma tarefa. Seja bem objetivo e prático para gerar engajamento. Por exemplo: "Como ganhar muitas curtidas e seguidores no Facebook – Tutorial Facebook 2018", que eu produzi para o meu canal no YouTube.

OS SEGREDOS DA INTERAÇÃO

CAPÍTULO 6

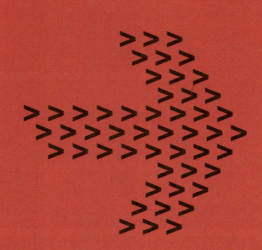

➡ DEPOIS DE RETER A AUDIÊNCIA E FAZER COM QUE ELA FIQUE SEMPRE CONECTADA AO SEU CONTEÚDO, SEU PRÓXIMO DESAFIO É FAZER COM QUE ELA INTERAJA COM VOCÊ. Essa é uma das coisas mais importantes para fazer seu conteúdo bombar — e sua audiência crescer dia a dia.

A interação é essencial porque é por meio dela que você terá a resposta das redes sociais quando forem distinguir os conteúdos que vão aparecer mais ou menos nas *timelines* das pessoas. E é claro que, para atrair mais audiência, você precisa que seu conteúdo seja visto cada vez por mais pessoas — pois essa visualização cria um efeito de rede: quanto mais gente compartilha e curte seu conteúdo, mais as suas atualizações chegarão até pessoas que não conheciam você e que têm todo o potencial para se transformar em seus seguidores. Ou seja, a interação gera um ciclo de sucesso para o seu conteúdo e faz com que a sua audiência tenha mais chances de crescer organicamente. E é isso o que todo mundo que atua na internet quer: conquistar a maior audiência possível tendo de investir o mínimo possível.

O que você precisará investir é esforço e tempo — e eu tenho certeza de que, se você já chegou até aqui na sua leitura, tem muita disposição para aplicar as orientações que estou compartilhando e levar sua atuação on-line para o próximo nível. Ou seja, você vai se tornar o melhor amigo da sua audiência, a pessoa que seu público tem como referência para compartilhar projetos e decisões, buscar conselhos ou diretrizes e acompanhar o máximo possível.

Neste capítulo, vou explicar as estratégias para conquistar a interação do seu público. Essas táticas foram testadas e comprovadas por mim, por meus mentorados e pela equipe do Segredos da Audiência ao Vivo. Por isso, pode acreditar, elas são certeiras! Vamos começar.

 PARA CADA REDE, UM TIPO DE CONTEÚDO

O primeiro ponto aqui é o seguinte: para a interação dar certo, você precisa entender com quem está falando e em que contexto aquela mensagem está sendo transmitida. O que quero dizer com isso é que cada um dos meios em que você atua (Facebook, Instagram, YouTube) exige um tipo de linguagem diferente. Afinal, a maneira como a gente navega em cada um desses canais é diferente. Você já deve ter notado isso, eu imagino. No Facebook, por exemplo, estamos propensos a marcar os amigos nas diversas publicações que fazemos ou vemos. No Instagram, temos outro tipo de comportamento em relação às fotos. No YouTube, outro comportamento, estamos ali para ver vídeos. Precisamos ter isso em mente na hora de incentivar a interação da audiência porque, em cada rede, o modo de interagir deve ser diferente — caso contrário, não conseguiremos nos conectar com nosso público no contexto em que ele está inserido.

O que estou querendo dizer aqui é muito parecido com o que acontece com quem dá consultorias para clientes de diferentes perfis. Para aquele cliente mais

VOCÊ VAI SE TORNAR O **MELHOR AMIGO** DA SUA AUDIÊNCIA, A PESSOA QUE SEU PÚBLICO TEM COMO REFERÊNCIA PARA COMPARTILHAR PROJETOS E DECISÕES, BUSCAR CONSELHOS OU DIRETRIZES E ACOMPANHAR O MÁXIMO POSSÍVEL.

sério e tradicional, não pegaria tão bem um consultor fazer a visita usando camiseta e falando gírias. Assim como, para aquele cliente mais descolado, pegaria mal se o consultor fosse todo engravatado e falasse de uma maneira muito formal, distante da linguagem dele. Para que esse nosso consultor hipotético conseguisse conquistar esses dois clientes, ele precisaria ler o estilo de cada um deles e se comportar de acordo com o que é esperado dele em cada situação, da mesma forma que você se veste de uma maneira para ir ao happy hour com seus amigos e de outra para ir a um casamento. Essa leitura de ambiente é fundamental para fechar negócios no mundo off-line e, também, para cativar a audiência no mundo digital. Você precisa entender qual é a comunicação nativa de cada uma das redes. Só assim a mensagem que você quer passar será realmente absorvida por quem está ouvindo, que, por perceber que você está atuando de modo natural para aquela rede, vai se engajar com o que você diz.

É claro que esses exemplos podem mudar um pouco daqui a alguns meses. Afinal, as redes sociais são vivas e estão em constante transformação. Isso quer dizer que uma interação que dá certo hoje pode não ser a melhor amanhã. Por isso é tão importante ficar de olho nas suas métricas e testar muito!

Um pequeno detalhe pode fazer toda a diferença nos seus resultados se você quer estimular a interação da sua audiência com aquilo que produz. Para que a importância deste tópico fique ainda mais tangível para você, quero lhe mostrar como exemplo um teste que realizei com a audiência de uma das páginas que possuo. Criamos uma mensagem e a publicamos duas vezes com legendas diferentes. Veja o aconteceu:

> PUBLICAÇÃO 1

> PUBLICAÇÃO 2

Na segunda publicação, nossa imagem alcançou praticamente o dobro de pessoas e uma interação muito maior, se compararmos ao primeiro resultado: o dobro de curtidas e seis vezes mais comentários. A imagem era a mesma, a principal diferença: na legenda da segunda publicação pedimos a nossa audiência que, se acreditasse na mensagem publicada, também comentasse: "Eu!", (é importante ser claro no que você quer que a sua audiência faça). O resultado é surpreendente!

Agora que você entendeu a importância da adaptação do seu conteúdo ao contexto da sua audiência e aos seus objetivos, vamos falar sobre as principais estratégias de interação e retenção mais utilizadas nas redes sociais para impulsionar a sua audiência.

COMO OBTER OS MELHORES RESULTADOS PARA O SEU NEGÓCIO UTILIZANDO O FACEBOOK

O Facebook é a rede social mais usada no Brasil e no mundo.[21] Portanto, se você quer ser visto, precisa aprender a usá-la de maneira eficiente. Talvez você já tenha ouvido falar alguma coisa sobre a maneira como essa rede funciona para as marcas. O Facebook dá preferência para as publicações de amigos e grupos que aparecem no *feed* de seus usuários, então, para as marcas, o caminho mais eficiente é investir em anúncios que gerem tráfego relevante para o negócio delas.

Além disso, é a rede social que possui uma das maiores inteligências do mundo sobre hábitos de consumo das pessoas. Sabe do que você gosta, onde mora, que lugares frequenta, quais locais não curte, quanto você ganha, se usa cartão de crédito, se é bom ou mau pagador, se pretende se casar, se está procurando um relacionamento, se já se formou ou se pretende fazer uma festinha de aniversário para os amigos. E, a cada dia que passa, ele sabe ainda mais sobre você, chega a ser curioso e assustador ao mesmo tempo!

Você pode estar pensando: mas vale a pena mesmo investir dinheiro no Facebook?

---
21 Disponível em: <https://inteligencia.rockcontent.com/social-media-trends-2018/>. Acesso em: mar. 2018.

Vale, sim. Na minha empresa, eu já investi sete dígitos em campanhas no Facebook, o que já me gerou múltiplos sete dígitos de faturamento. E que continuam trazendo lucro em uma escala muito maior do que a esperada em qualquer outra mídia hoje.

Resultados como esse não acontecem só comigo. Outro exemplo é o de um membro do Black, o André, que é aromaterapeuta e investiu 3,5 mil reais em anúncios e fez mais de 120 mil reais em vendas usando apenas o Facebook como fonte de tráfego.

Pode ser que um dia o Facebook não seja uma fonte de lucro tão eficaz como é hoje? Pode — e provavelmente não será —, mas, até lá, é uma fonte na qual vale a pena prestar atenção.

> FACEBOOK NÃO É VITRINE DE PRODUTOS, É UMA REDE SOCIAL

Se você entende isso, tem altíssimas chances de obter ótimos resultados usando essa plataforma. O erro número um de pessoas que começam a criar anúncios no Facebook é encará-lo como uma vitrine, expondo seus produtos e fazendo apelos agressivos de vendas. Isso não funciona, e daqui para frente tende a funcionar cada vez menos.

Para o Facebook funcionar, e continuar sendo umas das empresas mais valiosas do mundo, ele precisa equilibrar sua balança: por um lado, manter a boa experiência do usuário na rede. As pessoas entram no Facebook para se relacionar com amigos e não para ver propagandas. Se o Facebook não zelar por isso, a rede social morre. Por outro lado, deve fazer os anunciantes ganhar dinheiro. Afinal, são os anunciantes que pagam as contas. E para que eles continuem lá, eles precisam ganhar dinheiro fazendo vendas. Esse é um equilíbrio delicado que o Facebook orquestra com maestria. E o que você precisa fazer para dançar essa música e ter excelentes resultados? Respeitar a rede como um ambiente social, criando anúncios

O MÉTODO DELA, REPLICADO POR CENTENAS DE ALUNOS, BASEIA-SE EM TRÊS PILARES FUNDAMENTAIS: **SEGMENTAÇÃO, OFERTA E OTIMIZAÇÃO**. JUNTOS, ESSES TRÊS ELEMENTOS SÃO RESPONSÁVEIS POR ANÚNCIOS MAGNÉTICOS DE ALTAS CONVERSÕES.

que gerem engajamento, conteúdo, curiosidade e informação. A partir daí a venda acontece automaticamente.

O que vou lhe mostrar agora é o caminho que poucos sabem percorrer quando o assunto é compra de tráfego usando a rede social mais acessada do mundo. Esse é um método desenvolvido pela minha sócia no Segredos da Audiência, a Bárbara Bruna. Ela cuida de todas as campanhas de tráfego pago na nossa empresa e já criou campanhas que movimentaram múltiplos sete dígitos de faturamento na internet, em diferentes nichos de mercado.

O método dela, replicado por centenas de alunos, baseia-se em três pilares fundamentais: segmentação, oferta e otimização. Juntos, esses três elementos são responsáveis por anúncios magnéticos de altas conversões.

1. SEGMENTAÇÃO

Gosto de fazer uma analogia aqui: se você quer encontrar a pessoa da sua vida, frequenta determinados lugares onde acha que ela pode estar, certo? Se você quer um namoro sério, dificilmente vai a uma boate achando que vai encontrar a pessoa dos seus sonhos ali. Agora, numa festa de amigos ou colegas, esse encontro tem mais chances de acontecer.

Por que estou falando isso? Porque esse é o princípio da **segmentação**: em cada local, há determinado público e, para cada público, há um tipo de interesse.

Encontrar no Facebook as pessoas que têm mais chance de comprar de você é como encontrar o amor da sua vida. Você precisa procurar nos lugares certos.

Para isso, duas regras devem ser respeitadas na hora de configurar os públicos das suas campanhas:

A. **primeira,** não selecionar públicos grandes demais — isso dilui sua verba e não traz resultados com custo saudável;

B. segunda, não selecionar públicos pequenos demais — o Facebook precisa de um universo de pessoas para encontrar aquelas com mais chances de converter e se você limitar demais esse universo o volume de pessoas alcançadas não será suficiente para fazer com que seus anúncios gerem o retorno financeiro esperado (é como ir sempre à mesma festa, várias e várias vezes, com as mesmas pessoas, e esperar que um milagre aconteça).

Então, a grande sacada é encontrar um meio-termo no tamanho do público. Para isso, uma dica simples é: descubra qual é a característica **imutável** do seu público.

Vou lhe dar um exemplo: se você vende bolsas femininas, a característica imutável do seu público é ser mulher, portanto, você pode segmentar seus anúncios apenas para mulheres.

No entanto, inferir certos interesses e comportamentos desse público pode ser arriscado. O Facebook tem uma enorme opção de interesses e comportamentos do usuário (o banco de dados mais completo do mundo, aliás). E é aqui que muitas pessoas se empolgam com tantas opções e cometem um erro fatal: partem para o **achismo** e começam a segmentar as campanhas com base no que acreditam que sejam os interesses do seu público.

Assim, a chance de errar, ao dizer que mulheres possivelmente interessadas em comprar uma bolsa frequentam um shopping X ou assistem à novela Y, é grande. E a solução para isso é simples. O Facebook possui computadores com cérebros gigantescos, representados pelos seus algoritmos. O que eles fazem é cruzar informações de interesses dos potenciais consumidores com os anúncios que você quer exibir. A diferença é que ele não usa o achismo. Ele, de fato, sabe pelo o que as pessoas se interessam ou como se comportam. E se você o deixa trabalhar para você, as chances de erro são muito menores do que quando você tira tudo da sua cabeça.

Ficar no achismo na hora de definir a segmentação é um dos grandes erros que faz a maior parte dos anunciantes amadores perder dinheiro na compra de tráfego, e o contrário é o que faz anunciantes bem orientados pagar barato e conquistar grandes conversões em vendas.

2. OFERTA

Continuando com a nossa analogia dos relacionamentos, a **oferta** equivale ao que você vai dizer para aquela pessoa na qual está interessado a fim de convencê-la de que você é legal, que vale o investimento dela. Ou seja, a oferta precisa mostrar aos possíveis clientes as dores que você pode resolver ou as transformações que pode ocasionar. É a hora de vender o peixe, de quebrar objeções.

E aqui entra um ponto de profunda reflexão: o objetivo do seu anúncio não é vender, mas ser clicado. As pessoas não passam o cartão de crédito no Facebook (ainda). Elas precisam clicar no seu anúncio para ir para uma página de vendas, ou para um vídeo, ou para uma lista de WhatsApp e, a partir daí, tomar a decisão de compra.

Um anúncio de sucesso é aquele que faz o usuário clicar para saber mais. Quando você consegue isso, passa a ter o domínio sobre o caminho que o usuário vai percorrer, levando-o para uma boa página de vendas ou para um bom telemarketing para fechar a venda.

E, para isso, é preciso chamar a atenção. Como? Com a imagem. A imagem corresponde a 80% do resultado do anúncio. E isso não está relacionado à beleza. Está relacionado à quebra de padrão. Quer dizer, a imagem do seu anúncio precisa saltar aos olhos na *timeline* das pessoas. Ela não pode se perder na multidão de imagens postadas. Uma das táticas eficazes para evitar que ela se perca é aumentar o contraste das imagens entre 30% e 40%; desse modo, ela terá uma cor diferente da paleta cromática das outras fotos do Facebook e vai chamar a atenção. Outra maneira de se destacar é colocar uma imagem em preto e branco, pois, como a *timeline* do usuário é colorida, preto e branco chamam a atenção.

É claro, porém, que não adianta aumentar o contraste de uma imagem ruim. Sua imagem precisa quebrar padrões, precisa sair do lugar-comum. Para isso, experimente usar imagens que utilizam close, que gerem curiosidade e, principalmente, que mostrem a transformação que o seu produto/serviço pode oferecer.

3. OTIMIZAÇÃO

Se você foi ao lugar certo, conheceu a pessoa dos seus sonhos, e ela quis sair com você, agora é a hora de fazer o namoro se tornar um casamento e fazê-lo durar para sempre. No mundo dos anúncios do Facebook é a mesma coisa. Se você fez uma boa segmentação, convenceu a audiência a clicar na sua oferta e a comprar seu produto, agora é preciso garantir que suas campanhas continuem a dar resultados, fazendo com que você ganhe **escala**. E é aqui que você começa a multiplicar seus resultados e a faturar alto usando essa mídia.

Para atingir esse objetivo, entraremos numa questão um pouco mais técnica, mas superimportante, que é garantir que o algoritmo do Facebook encontre as pessoas que têm mais chances de converter as vendas. Como se faz isso? "Treinando" o pixel. Vou explicar exatamente o que tudo isso quer dizer. O pixel nada mais é do que um código que você instala no seu site para "marcar" as pessoas que entram lá.

Usando novamente a analogia, o pixel funciona como o porteiro de um prédio que anota todo mundo que entra e sai, marca se a pessoa só deu uma volta

UM ANÚNCIO DE SUCESSO
É AQUELE QUE FAZ O USUÁRIO
CLICAR PARA SABER MAIS.
QUANDO VOCÊ CONSEGUE ISSO,
PASSA A TER O DOMÍNIO
SOBRE O CAMINHO QUE O
USUÁRIO VAI PERCORRER.

no elevador ou se entrou num andar. O pixel faz o mesmo: sabe quem entrou no site, quem comprou, quem saiu depressa, quem deixou o e-mail. Ele é o dedo-duro do Facebook! Se tiver o pixel instalado no seu site, você começa a obter maior controle sobre suas campanhas porque, com essa informação, você para de investir em públicos que não convertem (pessoas que ficam passeando de elevador e gastando seu tempo) e passa a procurar apenas pessoas parecidas com aquelas que executam ações positivas no seu site, por exemplo uma venda.

A minha sócia, Bárbara Bruna, é uma das pessoas que mais entende de anúncios no Facebook que eu conheço. No meu canal do YouTube há uma palestra com ela que vale a pena assistir. Lá também você poderá saber mais sobre um treinamento com ela, chamado Anúncios Magnéticos, e ficar por dentro das próximas vagas: https://anunciosmagneticos.com.br/livro

COMO OBTER OS MELHORES RESULTADOS PARA O SEU NEGÓCIO UTILIZANDO O INSTAGRAM

O Instagram é uma das redes que mais crescem no mundo. Dados da própria mídia social mostram que, em abril de 2017, 700 milhões de pessoas eram usuárias do Instagram no mundo. E o Brasil era o segundo colocado no ranking dos países com mais usuários cadastrados – 45 milhões – perdendo apenas para os Estados Unidos.[22] Esses números mostram algo muito simples: não dá para ficar de fora dessa rede! Ela atrai muita gente e é uma das mídias sociais mais poderosas quando se trata de interação.

Diferentemente do Facebook, no Instagram você tem ainda mais chances focando em estratégias orgânicas que reforcem o relacionamento com a sua audiência. Embora você também tenha a opção de fazer anúncios e promover as suas publicações,

---

[22] Disponível em: <https://canaltech.com.br/redes-sociais/instagram-chega-a-700-milhoes-de-usuarios-e-tem-crescimento-historico-92798/>. Acesso em: mar. 2018.

algumas dicas podem ajudá-lo a conquistar altíssimo engajamento sem depender do investimento financeiro.

1. CUIDE DO SEU NOME NO PERFIL

Se o nome do seu perfil tiver as palavras-chave do seu negócio, irá te ajudar mais. No meu caso, no perfil @segredosdaaudiencia, eu fiz questão de colocar termos como "redes sociais", "marketing digital", "tráfego" e "audiência". No entanto, não cheguei a essas palavras aleatoriamente. São palavras-chave que tem a ver com o meu negócio e já indicam para as pessoas que visitam o meu perfil sobre o que ele é. É importante já pensar nos seguidores que você irá começar a atrair. E uma dica para olhar se os termos que você tem usado já tem popularidade, é fazer uma busca simples no Instagram. Vou lhe dar um exemplo: eu posso deixar na minha descrição Empreendedorismo Digital ou Marketing Digital. Quando fiz a busca dentro do aplicativo pela palavra-chave "Empreendedorismo Digital", a aba de *hashtag* que apareceu para mim mostrou que existem mais de 170 mil postagens feitas usando essas palavras, mas, ao mesmo tempo, ao digitar "Marketing Digital" descobri que existem 2,9 milhões de postagens feitas usando essas *hashtag*. Então, se eu tiver que escolher entre uma das duas palavras-chave para deixar no meu perfil dentre as que define o meu perfil melhor, eu vou escolher a mais popular dentro do aplicativo, sendo que provavelmente "Marketing Digital" atrai a atenção de mais pessoas do que "Empreendedorismo Digital".

2. COLOQUE AS *HASHTAGS* CERTAS

Cada post pede *hashtags* diferentes. Pense sobre elas durante a postagem e escolha as mais populares para que você sempre apareça na busca por aquela *tag*. Só tome cuidado para não exagerar: muitas *tags* deixam o post poluído e até enfraquecem sua mensagem. Uma dica é não colocar as *hashtags* diretamente no post, mas no primeiro comentário.

3. CRIE PARCERIAS

Procure perfis de pessoas ou empresas que tenham a ver com o seu negócio e ofereça parceria. Essa parceria pode acontecer tanto na troca de postagens (sempre prefira que as pessoas postem outra vez o seu conteúdo diretamente em suas *timelines*, pois isso gera mais alcance e engajamento), como na troca de serviços (você pode, por exemplo, oferecer um serviço no qual você é especializado gratuitamente para um influenciador que você considere essencial para sua estratégia digital, como no caso de uma arquiteta ajudar na reforma de algum influenciador e ele, em troca, divulgar o trabalho dessa pessoa — muitos influenciadores têm um potencial gigantesco de gerar negócios).

4. CONTE BOAS HISTÓRIAS

Já dizia o velho ditado que "uma imagem vale mais que mil palavras", por isso, lembre-se de que cada foto que você postar precisa ter uma história por trás dela. Se você não tiver o que contar com aquela imagem, melhor nem colocá-la no ar. Você precisa ter um assunto para que as pessoas se sintam instigadas a comentar ou curtir aquele *post*. Algumas pessoas postam a foto do seu carro ou de quando estão assistindo algo, mas nem ao menos se dão ao trabalho de explicar o porquê estão postando aquilo. Se não ficar claro para a sua audiência o motivo de você estar compartilhando algo, há grandes chances de que a sua postagem tenha pouca interação e, logo, pouco alcance. Ao mesmo tempo, se você contar uma história através de um pequeno texto, mas que engaje e dê um sentido para aquela postagem, você verá a grande diferença. E as pessoas lêem, sim, as legendas das

OS SEGREDOS DA INTERAÇÃO **CAPÍTULO 6** 151

postagens no Instagram se for interessante para elas. Outro dia recebi uma amiga no meu escritório, que é uma autora famosa, e quando ela posta trechos de seus poemas na legenda de suas fotos o engajamento multiplica. Portanto, não se sinta acanhado de se expressar ou escrever mais na legenda das suas publicações.

5. PRESTE ATENÇÃO EM SUAS MÉTRICAS

Como já dizia a frase de Peter Drucker: "O que pode ser medido, pode ser melhorado". Eu sugiro que você analise os resultados que cada uma das suas postagens gera para entender quais funcionam melhor com a sua audiência. Separe 20% das postagens que mais tiveram engajamento e alcance e procure os padrões que fizeram com que elas se tornassem as 20% melhores. Então, reproduza os padrões que acredita ter encontrado na próxima semana.

A tabela a seguir me ajuda muito nessa tarefa e você deve aplicá-la para manter um registro e conseguir mapear de maneira eficiente o comportamento do seu público.

Print da postagem	Horário	Dia da semana	Número de curtidas	Número de comentários	Hashtags usadas	Observações
			Importante incluir também a média do percentual de engajamento que você tem obtido dividindo o número de curtidas pelo número total de fãs da sua página.	Importante incluir também a média do percentual de engajamento que você tem obtido dividindo o número de curtidas pelo número total de fãs da sua página.		Importante descrever se a postagem foi feita em algum contexto específico, como uma promoção ou lançamento, por exemplo.

Uma dica de uma ferramenta que uso nos meus principais perfis para análise de resultados e gerenciamento é a IconoSquare, uma ferramenta paga, porém, que permite que você a teste gratuitamente nos primeiros dias.

6. CRIE UMA ROTINA DE POSTAGENS

Assim como todas as outras redes sociais, o Instagram precisa de atualização. Por isso, crie uma rotina de postagens e varie o tipo de conteúdo. Nós costumamos postar de quatro a seis vezes por dia. Em um perfil no qual já estamos chegando a 450 mil seguidores, fizemos um teste, e percebemos que o melhor modelo com ele é postar de hora em hora, praticamente vinte postagens por dia. E o resultado nesse caso foi incrível! Você não precisa necessariamente postar com essa frequência, mas nossos testes mostraram que os resultados foram melhores com ela.

TIPOS DE POSTAGEM

Para nos organizar, criamos tipos de postagem aqui.

A. **Momentos**: uma viagem, um evento, uma nova parceria fechada, um bastidor do seu trabalho.

B. **Motivacionais**: no meu perfil @SegredosdaAudiencia, costumamos colocar frases minhas ditas nas palestras, nas aulas presenciais ou ao vivo. Também publicamos frases de outras pessoas, como grandes personalidades, para motivar nossa audiência. Como:

C. **Imagens de Interação**: um jeito de estimular as pessoas a fazerem comentários sem pedir que elas comentem é jogar algumas perguntas no ar. Dá uma olhada nos dois exemplos abaixo:

Nessa imagem, quando as pessoas tocam duas vezes na minha mão, elas acabam curtindo a publicação automaticamente. É uma brincadeira muito legal para fazer no perfil.

Essa segunda postagem provoca muita interação nos comentários porque cada um deve comentar a primeira palavra que encontrou. Além disso, todas as palavras são voltadas para o meu mercado de empreendedorismo. Você pode adaptá-las para o seu mercado também.

D. **Imagem de repostagem:** são as imagens que repostamos de parceiros ou pessoas de quem nós recomendamos o conteúdo.

E. **Aniversariantes:** postagens em que coloco fotos, com alguns amigos ou pessoas que são conhecidas no meu mercado, no dia do seu aniversário. Além de ser uma homenagem, essas imagens também mostram com quem você se relaciona. Gosto muito desse tipo de postagem.

F. **Trechos de vídeos**: são extraídos de palestras ou então de vídeos do meu canal do YouTube. Esse tipo de postagem além de ser muito legal, aguça a curiosidade do público e funciona muito bem como reaproveitamento de conteúdo. Vou falar um pouco mais sobre isso quando abordarmos o Ciclo Domination, estratégia que eu uso para ter conteúdo para todas as mídias de maneira mais fácil e tema do próximo capítulo.

Veja a seguir como é um post perfeito para o Instagram.

FÓRMULA DO POST PERFEITO PARA INSTAGRAM

POSTAGENS QUE GERAM MAIS ENGAJAMENTO

A CHAVE PARA GERAR ENGAJAMENTO DOS SEUS SEGUIDORES

IMAGEM ATRAENTE
Estamos programados para processar imagens 60 mil vezes mais depressa e de modo mais eficaz do que palavras.

IMAGENS DE ALTA QUALIDADE
Fotos embaçadas, pixeladas e mal editadas são ignoradas e fazem você parecer um amador.

Dica: faça suas imagens com o dobro do tamanho recomendado para ter certeza de sua nitidez.

Tamanho recomendado: 640 × 640 px
Tamanho ideal: 1280 × 1280 px

CORES FORTES E VIVAS
(contraste e quebra de padrão)

Quando a sua imagem está diferente do padrão usado pela maioria, a tendência é que chame mais a atenção dos usuários que estão rolando pelo feed.

Exemplo: para posts de frases, usar fotos mais escuras no fundo e o texto bem destacado costuma aumentar o engajamento.

CHAMADA PARA AÇÃO: CALL TO ACTION
Deixe claro na sua chamada a ação que você espera. Por exemplo: "Quem também acredita, comenta EU!"

USO DE *HASHTAGS*

USE *HASHTAGS* RELEVANTES E POPULARES PARA AUMENTAR SEU ALCANCE
Posts do Instagram com *hashtags* populares recebem maior interação.

VALORIZE SUA AUDIÊNCIA

RESPONDA AOS COMENTÁRIOS E ÀS PERGUNTAS
As pessoas gostam de se sentir valorizadas. Responda aos comentários e às perguntas dos seus seguidores nas suas postagens.

Dica: respostas simples como "obrigado" já têm grande efeito.

PERGUNTAS DIRETAS TÊM MAIS RESPOSTAS TAMBÉM
"Você prefere adword ou Face Ads?"

Se for para escolher entre dois produtos: "Pessoal, me ajudem: vocês preferem azul ou verde?".

Dica: a resposta deve estar na questão. Isso torna o engajamento mais fácil e rápido.

COMO TER UMA AUDIÊNCIA MAIS ENGAJADA E MAIS APAIXONADA?

CAPÍTULO 7

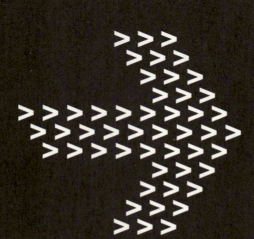

➤ AO LONGO DO LIVRO VENHO LHE FALANDO SOBRE DIVERSOS TERMOS UTILIZADOS NO MUNDO ON-LINE. Dois sobre os quais discutimos muito nos capítulos anteriores são tráfego e audiência. Afinal, você sabe qual a grande diferença entre eles?

Tráfego é aquela visita que entra no seu site, audiência é quando seu visitante se torna seu seguidor fiel. Embora o tráfego seja algo extremamente importante, porque é de onde vêm os visitantes que vão lhe conhecer, ter audiência leva você para um próximo nível, porque, quando o seu negócio tem uma audiência fiel e que o acompanha, ele se torna muito mais sólido.

E você sabe o que é ainda mais importante do que uma audiência? É uma audiência apaixonada. Isso muda seu jogo completamente, e neste capítulo vamos falar das principais formas para criar uma audiência apaixonada.

E por que isso? Quando uma pessoa está apaixonada por outra, ela passa horas e horas do dia pensando nessa pessoa, faz planos, não aguenta de ansiedade até o momento de ter um novo encontro... Não é exatamente assim que nos sentimos? Então, imagine como seria se o seu relacionamento com a sua audiência também fosse assim! Seus seguidores engajados para gastar mais tempo consumindo seu

ESSE É UM DOS PONTOS MAIS IMPORTANTES DA ATUAÇÃO ON-LINE. SABE POR QUÊ? PORQUE AUDIÊNCIAS APAIXONADAS VÃO SEGUI-LO SEMPRE, EM QUALQUER PLATAFORMA QUE VOCÊ ATUE!

conteúdo, a ponto de até ficarem chateados quando você demora um pouco mais para subir um vídeo ou publicar um artigo novo.

Esse é um dos pontos mais importantes da atuação on-line. Sabe por quê? Porque audiências apaixonadas vão segui-lo sempre, em qualquer plataforma que você atue! Vão querer comprar o seu produto e também vão comprar o que você indicar. O dinheiro não está apenas no número de seguidores, mas também no engajamento e no relacionamento que você tem com esses seguidores.

Vou mostrar alguns caminhos para criar esse laço emocional com seu público. Vamos em busca de maneiras para a sua audiência se engajar mais e se apaixonar por você, sua marca e seu conteúdo.

Uma das ferramentas mais poderosas que temos para criar conexões é a nossa história, a nossa jornada. Imagine que você acabou de encontrar uma pessoa com quem quer se relacionar, as primeiras perguntas que você se faz são: "Quem é essa pessoa? Ela é uma boa pessoa? Qual será a história dela?".

E agora chegou a hora de você se apresentar para a sua audiência, e aqui vamos seguir o princípio básico de uma técnica muito usada no marketing digital e da qual você já pode ter ouvido falar: o *storytelling*.

➤ *STORYTELLING* E A JORNADA DO HERÓI

Storytelling é um termo em inglês para "narrativa"; mas não é um jeito qualquer de contar a história. É preciso gerar emoção e se conectar diretamente com seu público. Por isso é tão importante conhecer quem está ouvindo você — lembra-se do público-alvo do capítulo 4? Assim, você vai saber exatamente como pegar a audiência pela emoção e quais são a linguagem e o tipo de história que funcionam melhor.

Geralmente, a tática mais usada para contar uma boa história é a "Jornada do Herói" — aplicada desde as histórias da mitologia grega até os filmes de Hollywood.

Quem definiu esse conceito foi o antropólogo Joseph Campbell, e muita gente usa-o para estruturar as histórias que conta. Basicamente, a "Jornada do Herói" mostra os passos de um personagem, ou pessoa, que sai em uma aventura para o desconhecido, enfrenta diversos desafios e dificuldades e retorna para casa transformado numa pessoa melhor, com inúmeros aprendizados que podem ser compartilhados. Essa estrutura é amplamente utilizada – de *Star Wars* até propagandas na TV.

E na internet não é diferente. Ao contar para a sua audiência as dificuldades que enfrentou, os desafios do seu caminho e mostrar como tudo isso lhe trouxe aprendizados e o transformou, você se conecta com o seu público. Se você quiser bancar o "bonzão", pode ficar distante da realidade das pessoas e até passar uma imagem arrogante, ou ainda criar nas pessoas o pensamento: "Ah, para ele é fácil, ele já tem tal resultado".

No entanto, mesmo que hoje você seja bem-sucedido, pode se conectar com as pessoas através do momento na sua história em que passou por dificuldades e virou o jogo, principalmente se quem ouve estiver passando pela mesma dificuldade que você enfrentou. Isso vai gerar muito mais conexão e empatia, fazendo com que você ganhe o coração das pessoas.

Essa conexão é muito poderosa, pois gera uma identificação profunda: você entende que aquela pessoa já sofreu tanto (ou até mais) do que você e que, mesmo com as adversidades, chegou bem longe. E todo mundo passou por isso. Todo mundo mesmo! Quando você começar a contar sua história para a audiência, pense nas dificuldades que enfrentou. Não tenha medo de compartilhá-las. A vida das pessoas atualmente é muito aberta e todo mundo precisa se mostrar mais "humano" para conquistar identificação e, consequentemente, gerar valor para a audiência, que, ao constatar que você também é "gente como a gente" vai investir

VOCÊ CONFIA EM QUEM VOCÊ CONHECE.

mais tempo no seu conteúdo. Afinal, se ela sabe que você passou por desafios que ela mesma está enfrentando, percebe que você aprendeu muita coisa, portanto, tem muito a ensinar!

Por isso cada vez mais os influenciadores ganham espaço, pessoas se engajam com pessoas, com histórias e os influenciadores estão se tornando para as empresas fontes para novas vendas e novos negócios. Você confia em quem você conhece. Então deixe a sua audiência conhecê-lo melhor.

Uma estrutura básica para contar a sua história e mostrar a sua solução é a seguinte:

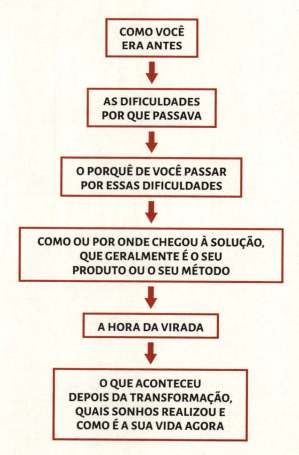

PROMOVA IDENTIFICAÇÃO

Tudo isso faz com que a audiência se torne nossa parceira e defensora da nossa marca e do nosso conteúdo. Quanto mais afinidade a pessoa tem com você, maior será a sua conexão. Então, quais são os pontos em comum entre a sua história e o que o seu público-alvo pode estar passando?

Quando eu conto minha história, tenho um episódio que é um fator muito importante para mim, que foi quando algumas pessoas da minha família e alguns amigos me questionaram se isso sustentava uma família, e essa é uma coisa pela qual a maioria das pessoas também passa! Quem nunca teve um membro da sua família ou um amigo que perguntou isso em algum momento? E isso não gerou sentimentos fortes?

É disso que estou falando com você. Ao apresentar uma ideia nova, mostrar dados, falar que existe uma estatística que comprova que a maioria dos membros da mesma família terá dúvidas do sucesso do outro é uma coisa; outra é contar uma história emocionante, dizer como é sentir que todos à sua volta questionam a sua capacidade de realizar e, depois, ter a prova de que, sim, é possível conquistar o seu sonho. Uma revelação como essa gera uma conexão muito mais profunda e verdadeira. O problema é que a maioria das pessoas na hora de contar a sua história na internet está apresentando estatísticas, não a emoção.

> GERE VALOR

Você já contou a sua história, contou as dificuldades por que passou até chegar à solução, e as pessoas se identificaram com você e criaram conexão. Então, é hora de saltar para um próximo nível: o de gerar valor.

Ao consumir seu conteúdo, ouvir o que você fala, o que você agrega à vida das pessoas, seja no âmbito pessoal, seja no profissional? Esse aspecto é importante para você ser visto com ainda mais relevância pelo seu público-alvo

O PROBLEMA É QUE
A MAIORIA DAS PESSOAS
NA HORA DE CONTAR
A SUA HISTÓRIA NA INTERNET
ESTÁ APRESENTANDO
ESTATÍSTICAS, NÃO A **EMOÇÃO**.

e subir para a escala de autoridade. Vou falar um pouco mais sobre essa escala daqui a pouco.

Pense comigo: se você precisa de um conselho, quem vai procurar? Com certeza, quem tem relevância para você e quem você acredita que pode agregar mais valor ao que você precisa. Para a sua audiência é a mesma coisa, se você é um especialista em nutrição, por exemplo, quanto mais valor gerar para a sua audiência, mais credibilidade e relevância você terá.

Esse é o momento em que você vai entregar o seu conteúdo e dar o seu melhor para a sua audiência. Não adianta ser o melhor nutricionista se você não mostra isso, se o seu conteúdo não fala por você.

Você pode ser o melhor profissional do mundo, mas existe uma grande diferença entre saber passar o seu conteúdo e fazer com que as pessoas entendam o que você está transmitindo. É preciso ter uma conversa clara para que não haja falhas na comunicação.

E é indispensável prestarmos atenção nessa parte, porque atualmente muitas pessoas confundem gerar valor com fazer um vídeo de extrema qualidade de imagem ou com um layout maravilhoso. Quando, na verdade, gerar valor é algo que está ligado à qualidade da sua mensagem e não à resolução da sua imagem.

Vou lhe dar um exemplo do que estou falando. Hoje qualquer um pode gravar um vídeo com conteúdo de qualidade – e não precisa de uma produção de cinema para isso, até com um celular dá para fazer. Você deve aqui seguir o Princípio de Pareto. Já ouviu falar nele?

No início do século XX, o filósofo, cientista político e economista italiano Vilfredo Federico Damaso Pareto apresentou a regra 80%/20%.[23] O Princípio de Pareto afirma que

---

23 Veja artigo com mais informações no link: <http://www.administradores.com.br/artigos/negocios/lei-de-pareto/97991/>. Acesso em: mar. 2018.

20% do trabalho que realizamos é responsável por 80% dos nossos resultados. Aplicando esse princípio ao que estamos discutindo aqui, significa que os 20% do seu trabalho que gerarão 80% do seu resultado é o seu conteúdo, e a qualidade dele. Não estou falando que você deva produzir conteúdo de baixa qualidade visual, mas que a sua mensagem é mais importante do que a imagem. Então, não deixe que a estética o impeça de começar.

A internet democratizou o alcance da audiência. E isso é incrível! Porque antes apenas grandes redes de emissoras de TV com estruturas muito poderosas conseguiam alcançar um público relevante.

Agora, todos nós podemos fazer parte da revolução do mundo dos negócios que a internet está proporcionando. Ao mesmo tempo, porém, que é maravilhoso ter se quebrado essa barreira de entrada, é também desafiador: você precisa se destacar na multidão, pois muitas pessoas podem entrar e ser seus concorrentes nas mesmas redes sociais em que você escolher atuar.

E, muitas vezes, você vai conquistar mais a sua audiência por meio do grande valor que gerou para ela, porque resolveu um problema dela, do que por aquele seu vídeo com extrema qualidade de imagem.

Por isso o *inbound*, de que falamos no capítulo 4, funciona tão bem, porque primeiro você gera valor para depois pedir algo em troca, e as pessoas estão ficando cada vez mais exigentes na internet e cada vez mais procurando valor primeiro. Como falamos anteriormente, isso é muito diferente de interromper as pessoas com uma propaganda ou entrar no meio de um programa de TV para anunciar seu produto sem antes criar reciprocidade entre você e sua audiência.

> INVISTA TEMPO

Reter a audiência é como fazer alguém se apaixonar: quanto mais tempo e esforço investimos no relacionamento, mais chances temos de que a paquera se transforme num namoro e, até, num casamento. E é isso o que todo mundo quer, seja nos negócios, seja no amor: fazer com que a chama da paixão continue acesa e que a intimidade cresça a cada dia. É como no amor mesmo. Se um homem chega num bar e beija uma mulher, qual é a chance de ele levar um tapa na cara? Depende, se eles forem um casal de longa data, nenhuma! Ou seja, quando você pede algo a sua audiência, vai depender do relacionamento que você tem com ela para saber se vai levar um NÃO ou um SIM.

Então, para você conquistar mais *time share* (tempo compartilhado) do que a sua concorrência e, assim, ficar ainda mais presente na mente do seu público-alvo, é preciso que sua audiência passe o máximo de tempo possível com você.

> SEJA ENCONTRADO EM MAIS DE UM LUGAR

Alguns especialistas em sedução e relacionamentos dizem que, em quanto mais lugares diferentes você for visto por uma pessoa, maior a intimidade e mais confiança ela cria a seu respeito. Agora, imagine comigo: quanto mais seu público-alvo encontrar você em situações e momentos diferentes, mais ele se sentirá despertado para essa aproximação. Aliado a isso, as redes sociais mudam o tempo todo e cada vez mais surgem novas redes, por isso não dá para apostar todas as suas fichas apenas em um lugar. É como diz aquela famosa frase: "Não deixe todos os ovos numa mesma cesta".

Diversificar é sempre blindar mais o seu negócio, porque se alguma rede social acabar, seu negócio não acaba junto com ela.

Entretanto, com a vida corrida e atribulada que vivemos, sei também que é cada vez mais difícil produzir conteúdo para todas as mídias. E, atualmente, temos uma diversidade de formatos para apresentar nossos conteúdos, como: vídeo, texto, áudio... E a mesma pessoa que gosta de ir para o trabalho ouvindo algo no carro, chega no escritório, abre o seu blog favorito no computador, depois sai para o almoço já abrindo as suas redes sociais para ver seu Facebook, seu Instagram. À noite, em casa, deita-se no sofá e começa a assistir a vídeos no YouTube. Esse é só um exemplo de uma rotina, mas repare em quantas formas de alcançar a sua audiência e se comunicar com ela são possíveis. Então, vem a pergunta: **como produzir meu conteúdo em todas essas mídias para a minha audiência?**

Depende do comportamento da sua audiência, se ela é mais adepta a áudio ou a texto, por exemplo, e, mesmo dentro da mesma audiência, cada pessoa pode preferir consumir seu conteúdo de formas diferentes. Eu, por exemplo, adoro assistir a vídeos, mas tenho amigos que preferem consumir conteúdos lendo artigos, e outros preferem conteúdos em áudio, para ouvir enquanto estão na academia. E detalhe: somos todos envolvidos em mercados semelhantes, marketing e empreendedorismo.

O seu conteúdo está em todas essas mídias? Antes que você pense: "Ah, mas eu não tenho tempo para produzir tantos conteúdos assim para colocar em todas as redes e em todos os formatos", calma! Eu vou lhe ensinar uma coisa agora que vai lhe ajudar a disseminar muito mais o seu conteúdo em diversas mídias.

No passado, eu achava que tinha de gravar um vídeo para o YouTube, depois ter uma ideia para escrever um novo artigo para o blog, depois correr para produzir um tipo de conteúdo para o Instagram e depois para o Facebook e, por fim, parar tudo e gravar um *podcast*.

Você pode fazer tudo isso? Pode sim, é claro! Mas imagine como seria bom se houvesse uma solução que fizesse com que você ganhasse muito mais agilidade e economizasse muito seu tempo na hora de produzir conteúdo!

Daí surgiu a ideia do **Ciclo Domination**, uma estratégia que criei para que todos os meus conteúdos pudessem estar em várias mídias diferentes ao mesmo tempo, de modo que eu pudesse reaproveitá-los em diversos formatos.

QUANDO, NA VERDADE, **GERAR VALOR** É ALGO QUE ESTÁ LIGADO À **QUALIDADE** DA SUA MENSAGEM E NÃO À RESOLUÇÃO DA SUA IMAGEM.

Como assim? Eu vou lhe explicar.

Imagine que você gravou um vídeo no YouTube, você parou, produziu um roteiro, separou um conteúdo... e agora por que esse mesmo conteúdo não pode virar um artigo? Ou o áudio desse vídeo, um *podcast* ou um infográfico? Ou por que as dicas que você deu ou até mesmo as frases que disse no vídeo não poderiam virar algumas imagens?

O infográfico a seguir sintetiza essa ideia.

CICLO DOMINATION

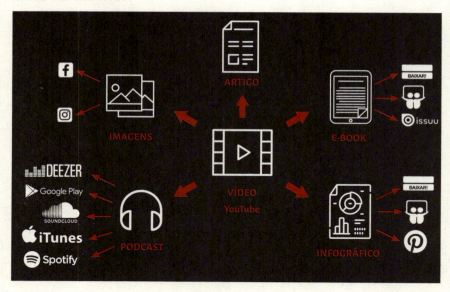

Se você tem alguma dúvida sobre a maneira de aplicar o Ciclo Domination, quero lhe mostrar como eu usei essa estratégia. Em 2017, a Luiza Helena Trajano, presidente do Conselho de Administração Magazine Luiza, foi uma das convidadas do meu evento anual Segredos da Audiência ao Vivo. A palestra dela foi incrível, com um conteúdo de muito valor. Eu pensei então em um modo de continuar compartilhando aquilo que ela apresentou no evento e apliquei o Ciclo Domination.

Nós filmamos a palestra dela e a compartilhamos na íntegra pelo YouTube, selecionamos as frases mais impactantes para compartilhar pelas redes sociais, além de produzirmos um e-book e um infográfico com os pontos mais relevantes do que ela ensinou no evento — e ainda temos a possibilidade de transformar o áudio da palestra em um *podcast* no futuro. Todos esses conteúdos disponibilizados gratuitamente e em formatos diversos para que a minha audiência pudesse consumi-los de acordo com as suas preferências e de modo que eu conseguisse alimentar vários canais a partir do mesmo conteúdo.

As ilustrações a seguir mostram a aplicação disso tudo.[24]

24 Consulte esse infográfico em: <https://www.slideshare.net/segredosdaaudiencia/infografico-luiza>. Acesso em: mar. 2018.

COMO TER UMA AUDIÊNCIA MAIS ENGAJADA E MAIS APAIXONADA? **CAPÍTULO 7** 173

Você também pode conferir a palestra de Luiza Helena Trajano no meu evento, o Segredos da Audiência 2017 ao Vivo, acessando aqui: https://www.youtube.com/watch?v=-MxvOd_bdxs

Então, planeje seus conteúdos pensando em quão versáteis eles são para adaptar-se às suas redes. E isso nos leva a outro ponto fundamental para quem quer manter um relacionamento forte com a sua audiência.

> TENHA CONSISTÊNCIA

Ter consistência nas suas postagens é um dos aspectos mais importantes quando estamos trabalhando com audiência. Afinal, confiamos em quem sabemos que podemos confiar hoje e amanhã também. Não em quem muda o tempo todo. Então, ter consistência é uma das melhores formas de provar que você merece a confiança do seu público: você sempre estará lá para ajudá-lo a passar por todas as fases da sua jornada.

Na edição de 2016 do meu evento Segredos da Audiência ao Vivo, estiveram também presentes palestrando o Jovem Nerd e Azaghal, uma dupla que criou um canal de *podcast* que provavelmente é o maior do Brasil, o *Nerdcast* (cada episódio que eles produzem tem uma média de 1 milhão de downloads!). Na ocasião, eles disseram uma coisa muito interessante: "Ter consistência de conteúdo é entrar na rotina da sua audiência".

Eles citaram o caso de Casey Neistat, *filmmaker* residente em Nova York e um dos maiores influenciadores digitais da atualidade. Por praticamente cinco anos, Casey produziu vídeos esporádicos e conseguiu alcançar 500 mil inscritos no seu canal. Tudo mudou quando ele começou a produzir vídeos todos os dias; em seis meses, ele alcançou novos 500 mil inscritos no seu canal. Depois de um ano de vídeos diários, ele estava com mais de 2 milhões de inscritos.

ENTÃO, TER CONSISTÊNCIA
É UMA DAS MELHORES FORMAS
DE PROVAR QUE VOCÊ MERECE
A **CONFIANÇA** DO SEU PÚBLICO:
VOCÊ SEMPRE ESTARÁ LÁ PARA
AJUDÁ-LO A PASSAR POR TODAS
AS FASES DA SUA JORNADA.

Em março de 2018, depois de ter estabelecido uma rotina, feito os ajustes necessários e consolidado sua audiência, já tinha passado dos 9 milhões de inscritos.

A curva de crescimento do Casey é impressionante, mas isso não significa necessariamente que se você gravar vídeos todos os dias terá essa mesma evolução. Contudo, a conclusão a que chegamos é que, na maior parte dos casos, quando os Youtubers criaram uma rotina e uma consistência de postagens, eles cresceram muito mais do que costumavam.

Mesmo que seu conteúdo seja muito bom, se você não tiver uma frequência, pode atrair apenas uma audiência do tipo paraquedista: assiste alguns vídeos e até se inscreve no canal, mas não acompanha de fato o seu trabalho. No entanto, se o seu conteúdo tem consistência e você tem uma rotina, as chances de você entrar no dia a dia das pessoas e conquistar uma audiência fiel são muito maiores.

Essa é uma grande lição, e ter consistência é uma das coisas mais difíceis. Eu mesmo, às vezes, tenho grande dificuldade de manter uma consistência no meu canal do YouTube, por causa da minha rotina de viagens e do meu tempo administrando a minha empresa, mas sempre que mantenho uma rotina de postagens meus resultados são muito superiores. E isso de fato aconteceu no meu perfil no Instagram @segredosdaaudiencia quando conseguimos emplacar também uma rotina de postagens diárias: alcançamos no ano de 2017 12,4 milhões de impressões em todas as nossas imagens.

É a mesma coisa que ir à academia: para ter resultados, você precisa manter a consistência, não adianta ir apenas quando der vontade ou aparecer lá uma vez por mês.

A palestra do Jovem Nerd e Azaghal está disponível no meu canal, acesse aqui:
https://www.youtube.com/watch?v=VDMwlrQvIvE

> **PIRÂMIDE DA AUTORIDADE: COMO CONSOLIDAR A SUA IMAGEM DIANTE DA SUA AUDIÊNCIA E VALORIZAR O SEU TRABALHO**

Depois de entender como gerar mais engajamento com a sua audiência e fazer com que ela se apaixone por você, vou lhe mostrar o que é conhecido como **Pirâmide da autoridade**, princípio que nos norteia a respeito de como uma pessoa é vista pela sua audiência, além de evidenciar os passos necessários para se tornar mais relevante e, consequentemente, gerar mais negócios e resultados com a sua imagem e o seu conteúdo.

A Pirâmide da autoridade está relacionada com o posicionamento que você tem diante da sua audiência. O nível no qual você se encontra nela impacta diretamente na relevância com que você é percebido e, consequentemente, em quanto você ganha.

Dividida em seis níveis, a Pirâmide da autoridade é uma reflexão e um mapa essencial para quem almeja ser reconhecido em seu mercado. A seguir, explico o que cada um desses níveis representa na maneira como você se relaciona com a sua audiência:

> **GENERALISTA:** é o profissional que ainda não desenvolveu um posicionamento único e não tem nenhuma especialidade. Por exemplo, um dentista que faz tudo, maquiador sem especialidade, coaching de tudo etc. Sua área de atuação é extremamente ampla e, por isso, enfrenta alguns desafios: dificuldade em determinar o seu público ideal, portanto, em criar estratégias de atração com alto potencial de engajamento; em se destacar no mercado, consequentemente, seu valor no mercado é inferior se comparado com os outros níveis da pirâmide.

> **ESPECIALISTA:** este profissional diante de uma grande área escolhe um nicho para se desenvolver. É, por exemplo, o dentista especializado em extração de siso, o maquiador especializado em maquiagem para casamento, o nutricionista especializado em pessoas diabéticas. Ser especialista faz com que seu valor de mercado cresça em relação ao generalista, afinal, você domina com muito mais propriedade aquilo com que trabalha. Você pode, então, oferecer um trabalho mais personalizado. Já consegue segmentar melhor o seu público, portanto, ter uma comunicação mais direcionada e eficaz.

> **AUTORIDADE:** você se tornou uma referência em determinada área ou sobre determinado tema. Autoridade é o profissional que, além de ter cativado um público específico, teve seu trabalho reconhecido por meios importantes para o seu mercado. É um doutor, um professor de faculdade, alguém com uma trajetória consolidada cujos resultados já foram promovidos por canais além dos dele próprio. Seu conteúdo tem muito valor para aqueles que o seguem, e sua imagem gera uma remuneração bastante superior aos níveis anteriores.

> **CELEBRIDADE:** é a pessoa famosa que já ganhou um status de celebridade. Seu nome até aparece em discussões, não porque seja o melhor profissional do

mercado em questão, mas porque é a pessoa famosa, em alta. Alguns profissionais até se tornam celebridades, muitas vezes, porque atendem outras celebridades (o tatuador do Neymar, por exemplo) ou então porque seus serviços começam a chamar tanta atenção que a demanda por seu trabalho cresce muito, valorizando ainda mais o seu tempo e a escassez dele. Robert Cialdini, autor de *As armas da persuasão* (1984), fala como um dos fatores que mais nos influencia na hora de confiar ou não na proposta de alguém é ter *prova social*, que nada mais é do que ver outras pessoas também adeptas daquilo que lhe é oferecido. É como ir a um restaurante que foi indicado como um dos melhores da cidade e, ao chegar lá, encontrar o estabelecimento às moscas, completamente vazio. Com certeza, você vai desconfiar da qualidade desse serviço. Agora, se você entrar em contato com esse restaurante e descobrir que existe uma agenda de reservas, que devem ser feitas com antecedência, isso confirma a tese de que o restaurante é muito bom, portanto, vale a pena esperar pela próxima oportunidade de ir a um jantar especial nele.

> **AUTORIDADE + CELEBRIDADE:** neste nível, você não é apenas autoridade ou celebridade, mas as duas coisas juntas. Ou seja, é visto no seu mercado como uma grande referência tanto por seu conteúdo como pela prova social: muitas pessoas querem ter oportunidade de aprender com você. Além disso, ao chegar nesse patamar, você já possui alta base de audiência e demanda da mídia que influencia o seu público.

> **LENDA:** seu nome se torna uma marca. Apenas de ouvir o seu nome, as pessoas já sabem exatamente quem você é. Como Michael Jordan, ele não é apenas um jogador de basquete, ele é uma lenda, um astro. Para você ter uma ideia, para passar uma tarde com ele em um workshop sobre basquete é preciso investir 15 mil dólares por pessoa. O público reconhece seu talento e a qualidade do que você entrega; portanto, você passa a definir parâmetros para os novos profissionais que querem entrar no seu mercado.

NO ENTANTO, SE O SEU CONTEÚDO TEM CONSISTÊNCIA E VOCÊ TEM UMA ROTINA, AS CHANCES DE VOCÊ ENTRAR NO DIA A DIA DAS PESSOAS E CONQUISTAR UMA AUDIÊNCIA FIEL SÃO MUITO MAIORES.

OS 5 FATORES DETERMINANTES PARA GERAR MAIS CONEXÃO E ENGAJAMENTO COM A SUA AUDIÊNCIA

#1 **Compartilhe histórias que impactem e emocionem**
As pessoas se conectam com histórias, não com dados.
Por isso, saber contar a sua história ou a da sua marca de
maneira que engaje e gere identificação com a sua audiência
é fundamental. O melhor caminho para fazer isso hoje é
através do *storytelling* e da jornada do herói, ou seja,
construa uma narrativa que crie empatia, conexão e
abra as portas para que o seu público acredite no que você
tem a oferecer.

#2 **Gere valor**
Quão transformador é o seu conteúdo para as pessoas que
resolvem consumi-lo? Qual é o valor que você gera para a vida
pessoal e profissional da sua audiência? As pessoas saem melhor
do que entram depois que elas encontram o seu conteúdo?
O negócio delas progride? Responder a essas perguntas faz toda a
diferença para que você seja capaz de criar um vínculo duradouro
com sua audiência.

#3 Ìnvista tempo
Faça a sua audiência investir tempo em você e no seu conteúdo, assim você criará laços mais fortes e terá fãs mais engajados.

#4 Tenha consistência
Para tudo o que buscamos ter mais resultados, é preciso ter consistência, estar verdadeiramente comprometido com a entrega de suas promessas e a realização de suas metas. Com conteúdo não é diferente, é preciso ter seus canais atualizados periodicamente e ter constância para que a sua audiência possa encontrá-lo e, mais do que isso, para que você faça parte da rotina do seu público. Ter essa relação faz toda a diferença para o seu negócio.

#5 Seja encontrado em mais de um lugar
Faça com que a sua audiência o encontre e o veja em mais de um lugar. Para ajudá-lo nessa missão, utilize a estratégia do Ciclo Domination. Com ela, você poderá adaptar os conteúdos que produz às diferentes mídias e, assim, potencializar seu alcance e seus resultados.

OS MERCADOS MAIS DIVERSOS PODEM DAR CERTO NA INTERNET

CAPÍTULO 8

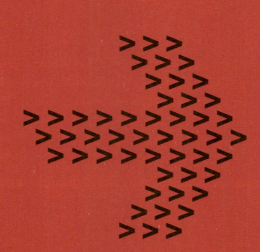

→ DURANTE MINHA TRAJETÓRIA COMO EMPREENDEDOR DIGITAL, APRENDI QUE OS MAIS DIFERENTES MERCADOS PODEM FAZER SUCESSO ON-LINE E TRANSFORMAR A VIDA DE MUITAS PESSOAS. Desde artesanato, tutoriais de beleza, guias para manutenção de eletrônicos até orientações para pais. Se o conteúdo tem qualidade, pode conquistar uma audiência relevante e engajada. E o melhor: tornar-se um negócio altamente rentável.

Estamos chegando à reta final desta leitura e, ao longo dos capítulos, compartilhei com você as estratégias que testei, comprovei e vi gerar resultados não apenas para mim, mas para milhares de pessoas que acompanham meu trabalho.

Com tudo o que você aprendeu aqui, tenho certeza de que o seu conteúdo, o seu negócio, atingirá um próximo nível. E não importa se você é um empreendedor digital ou se trabalha numa empresa e quer ajudar sua companhia a fazer sucesso on-line. Os ensinamentos que compartilhei com você ao longo de todos estes capítulos são capazes de fazer com que bons conteúdos entreguem resultados realmente extraordinários – e você vai comprovar isso

SE O CONTEÚDO TEM **QUALIDADE**, PODE CONQUISTAR UMA AUDIÊNCIA RELEVANTE E ENGAJADA. E O MELHOR: TORNAR-SE UM **NEGÓCIO** ALTAMENTE **RENTÁVEL**.

assim que começar a implementar tudo o que apresentei aqui. Estou seguro de que, ao colocar os segredos do maior ativo do mundo em prática, você verá que suas métricas vão decolar e, com isso, você se sentirá realizado como eu e meus membros do Black e Diamond, empreendedores que tenho a honra de acompanhar de perto.

Por isso, neste capítulo, quero lhe mostrar que a hora de começar é agora, e se você ainda tem alguma dúvida sobre o potencial da sua ideia ou de que a internet seja o caminho para o seu negócio, ou se ainda está em dúvida sobre a aplicabilidade de algum dos conceitos e estratégias que compartilhei com você, vou fazer uma rápida retomada do que vimos até aqui e mostrar como alguns empreendedores transformaram a vida deles depois de aprender a navegar neste novo mundo: cada vez mais conectado, valorizando o engajamento e entregando experiências relevantes para audiências cada vez mais fiéis.

 COMECE SEMPRE DEFININDO SUA JORNADA DE ENGAJAMENTO

Você já entendeu a importância de captar a atenção do seu público, pois é isso que fará com que seu negócio dê certo e você tenha a vida que deseja ganhando dinheiro pela internet. Por isso, a jornada de engajamento deve ser seu ponto de partida. Divida-a em três etapas (atração do interesse, doutrinação e conversão); por meio dessa sequência, você cria identificação, cativa seu público e entende como a venda é um processo natural na jornada do seu cliente ideal, pois ao gerar valor para ele, basta oferecer a oportunidade de se aprofundar na experiência que você pode proporcionar.

Os irmãos Cançado, fundadores do site *Mães que Educam* e membros do meu grupo Black, tiveram sua grande virada nos negócios ao compreender essa jornada.

O próprio Gustavo percebeu como a maioria dos empreendedores, ao pensar na abordagem que fará com o público, começa do final para o início. Apaixonam-se pelo produto, acreditam nele e deixam de colocar a sua audiência no centro da equação.

> *Trabalhar na internet não é só postar no facebook, fazer artigo e colocar um botão de vendas. Você precisa saber lidar com a sua audiência, alcançá-la e entregar o que ela precisa. Gere valor. Gere transformação.*
> **GUSTAVO CANÇADO**

Os irmãos Cançado criaram o *Mães que Educam* enquanto ainda trabalhavam em outros empregos porque perceberam que os conhecimentos da mãe deles, que é pedagoga, poderiam ajudar milhares de mães que têm dificuldades e dúvidas sobre a criação dos filhos, em todo o país – uma tarefa que não é mesmo nada fácil! Na raça, eles começaram o projeto que hoje impacta a vida de centenas de milhares de mães pelo Brasil.

Assista ao estudo de caso dos irmãos Cançado acessando aqui: https://youtu.be/yHNGhhRuojE

Entregar um conteúdo transformador, saber se conectar com seu público e estar aberto a novas conexões e aprendizados são a base para iniciar uma trilha de sucesso no mundo on-line. E, para ser bem-sucedido nessa empreitada, você precisa conhecer como ninguém as dores e os sonhos do seu público-alvo.

FOQUE UM NICHO ESPECÍFICO E USE O PODER DAS PALAVRAS PARA SER ENCONTRADO

Entender os problemas e as angústias do seu público melhor do que ele mesmo, como já vimos, mostra que ele pode confiar na sua solução. Para quem está começando a construir autoridade, em qualquer que seja o mercado, quanto mais específico puder ser em relação ao seu nicho de atuação, melhor será para seus resultados iniciais. Aqui entra a importância de saber usar as palavras de maneira que facilitem o trajeto do seu cliente ideal até você.

Esses foram os aprendizados fundamentais para que os irmãos Mussoi chegassem onde chegaram. O Lukas e o Davi Mussoi, criadores do canal *Formatar o PC*, têm uma história emocionante.

Em 2012, Lukas era professor de manutenção de computadores, oferecia aulas on-line e enfrentava os desafios de fazer seu conhecimento ser reconhecido. Seu irmão, Davi, fazia panfletagem. Eles sabiam que algo tinha de mudar na vida deles, precisavam encontrar novas opções para conquistarem a tão sonhada liberdade financeira.

Em 2013, eles conheceram o empreendedorismo digital, abriram o canal e começaram a estudar marketing digital. Depararam-se com um conteúdo meu sobre maneiras de trazer mais tráfego orgânico para seu negócio por meio das palavras-chave e a importância de usá-las até mesmo no seu domínio. Eles não tinham dinheiro, mas tinham tempo para investir na produção do próprio conteúdo: perceberam como "formatar PC" era uma tema muito pesquisado e focaram sua estratégia em resolver esse problema de seu público. Em seis meses de trabalho, chegaram a 4 mil visitas por dia em seu site. Na época, as pessoas ainda duvidavam do poder da internet, se todo aquele tempo que os dois passavam naquele mundo on-line realmente daria em alguma coisa. Lukas e Davi perceberam então que era preciso monetizar. Lançaram o primeiro produto de

PARA QUEM ESTÁ COMEÇANDO A CONSTRUIR AUTORIDADE, EM QUALQUER QUE SEJA O MERCADO, QUANTO MAIS **ESPECÍFICO** PUDER SER EM RELAÇÃO AO SEU NICHO DE ATUAÇÃO, MELHOR SERÁ PARA SEUS RESULTADOS INICIAIS.

maneira ainda muito experimental e faturaram 15 mil reais. Foi a prova de que era possível viver da internet. E como nada é por acaso...

No ano seguinte, 2014, a mãe dos irmãos foi diagnosticada com um sério problema de saúde. Ela teve de passar por um intenso tratamento, um ano com idas ao médico em média três vezes por semana. Graças ao seu negócio digital, Lukas e Davi puderam cuidar da mãe deles, acompanhá-la em cada fase do tratamento, tudo isso enquanto ainda tinham uma fonte de renda sendo gerada independentemente da presença deles. Com tudo funcionando de maneira automatizada, eles puderam colocar energia no que realmente importava para eles: estar junto de quem mais amavam, que hoje, recuperada, acompanha o sucesso dos filhos.

A história emocionante dos irmãos Mussoi reforça dois aspectos muito importantes para todo empreendedor: defina seu mercado de atuação e acredite nele! Afinal, como disse o próprio Lukas, "o limite para os nossos resultados está em nossa mente".

O valor de 15 mil reais que eles faturaram lá em 2013 hoje ultrapassa os sete dígitos.

➡ SEJA A PESSOA QUE ATENDE A UMA DEMANDA

O Felipe e a Marcely, criadores do site *Doces e Artes* e membros do Black, têm uma história muito bacana sobre a importância de não duvidar da demanda que você enxerga. Marcely é do Espírito Santo, artesã, especialista em fazer embalagens de festa para docinhos e dava aulas presenciais sobre o tema no seu ateliê. A demanda foi crescendo e ela notou que não conseguia atender todo mundo — fosse por falta de espaço na sala de aula, fosse porque as pessoas não podiam viajar até a cidade dela para aprender a fazer suas embalagens.

Então, Marcely e Felipe tiveram uma ideia: fazer videoaulas que seriam transmitidas on-line. Foi uma decisão certeira! Quem estava longe, agora, podia aprender também. Eles criaram um canal de vídeos, uma página no Facebook e um perfil no Instagram e conseguem um tráfego orgânico maravilhoso porque atuam, com muita competência, em um nicho bastante específico. Além disso, eles não se limitam apenas a dar aulas. Ajudam a audiência deles a ter uma nova oportunidade de trabalho e a se realizar por meio do artesanato.

O negócio foi crescendo, e Felipe, o marido de Marcely, deixou o emprego numa multinacional importante para se dedicar ao negócio on-line, que atinge um faturamento de sete dígitos ao ano e tem mais de dez funcionários hoje!

E eles não pararam por aí: começaram a vender também o material necessário para fabricar as embalagens.

Você imaginaria, assim de cara, que um site sobre embalagens de doces para festas pudesse se tornar uma empresa com essa projeção, faturando sete dígitos por ano (ou seja, 1 milhão de reais!) e ajudando milhares de pessoas no Brasil (e no mundo) a conquistar a liberdade financeira com a qual elas tanto sonhavam?

Pois é, muita gente não acreditaria que um negócio tão específico pudesse gerar tamanho resultado. No entanto, quando perguntei ao Felipe sobre isso, ele me respondeu: "Eu não sabia que não podia vender artesanato, então fomos lá e vendemos!". Lembra do princípio *low-hanging fruit*? Foi exatamente isso que Felipe e Marcely fizeram: eles enxergaram como o mercado de artesanato era uma importante linha de negócios, uma alternativa que muitas pessoas buscam para mudar de vida. Eles viram a demanda e ofereceram as ferramentas para que essas pessoas, em busca de opções, aprendessem a trabalhar com esses novos negócios. Depois, perceberam que essa mesma audiência tinha então uma segunda demanda: os utensílios para o trabalho. Eles não precisaram criar um mercado, só precisaram enxergá-lo.

 COM A INTERNET, SEU NEGÓCIO PODE TER UMA ESCALA ANTES INIMAGINÁVEL

Assim como aconteceu com o Felipe e a Marcely, o mesmo se deu com o André Ferraz, especialista em aromaterapia. Caso você não conheça, aromaterapia é o estudo dos aromas, e a proposta do André é, através dos óleos e dos aromas essenciais, levar rejuvenescimento integral para o corpo, a mente e o espírito das pessoas.

Ele é professor e, antes, trabalhava apenas no modelo presencial. Já chegou a ter turmas de apenas cinco alunos. Então, ele conheceu as possibilidades de trabalhar com a internet. Já formou turmas on-line de trezentos alunos e atualmente o seu faturamento ultrapassa cerca de 1 milhão de reais por ano.

Por meio da internet, o negócio do André ganhou escala, numa proporção muito maior do que a que ele poderia esperar se continuasse focando o modelo presencial. Ou seja, ele aprendeu, testou, viu os resultados, otimizou e agora o negócio pode alcançar o máximo potencial e entregar uma verdadeira transformação para a audiência dele. Como o próprio André me disse: "O processo de cativar a audiência ao ponto de ela querer comprar de você não é algo nebuloso. Pelo contrário, existe uma ciência por trás disso, técnicas para construir essa jornada. E o sucesso não é difícil se você tem acesso ao conhecimento certo. Aqui temos um mapa a ser navegado. Basta nos dispormos a executá-lo".

VOCÊ PODE COMBINAR DIFERENTES ESTRATÉGIAS: OFF E ON-LINE

E se você ainda tem alguma dúvida sobre a internet ser um bom mercado para você, quero encerrar este capítulo contando a história da Lilian e do Rodrigo Bertin.

Lilian é empresária, coach e dá aulas de desenvolvimento humano, ajudando as pessoas a criarem uma mente empreendedora e se tornarem realizadoras. Rodrigo é seu filho, com formação de *sommelier* internacional e ministra aulas sobre o assunto. Eles atuavam com mais força no mundo off-line no ramo de vinhos, móveis e presentes. A empresa deles está no mercado há mais de sessenta anos, ou seja, muito bem consolidada. Tudo ganhou novas possibilidades quando Lilian participou de um dos eventos do Segredos da Audiência 2016 ao Vivo. Ela soube do evento por meio de um colega de outro curso que estava fazendo no Rio de Janeiro. Esse colega disse a ela: "Você poderia conhecer mais sobre marketing digital, isso pode ajudá-la muito. Pena que esse curso vai acontecer na próxima sexta-feira e será em Belo Horizonte". Alguma coisa falou mais forte dentro de Lilian, e ela entendeu que precisava participar do Segredos da Audiência ao Vivo. Então, saiu do Rio de Janeiro e voou até Belo Horizonte (nessa edição, o Segredos da Audiência ao Vivo ainda não acontecia em São Paulo) para aprender sobre internet e marketing digital.

Sozinha, sem conhecimento prévio de marketing digital, com uma empresa que funcionava de maneira bem tradicional e com um longo legado, ela não deu ouvidos ao medo e mergulhou de cabeça nesse novo mundo que estava sendo apresentado: aos 50 anos, ela se reinventou e deu a seu filho uma nova projeção. Lilian compreendeu que poderia ampliar sua rede de clientes se começasse a atuar on-line e, mais do que isso, poderia ampliar seu portfólio de negócios. Foi o que ela fez. E o que o Rodrigo tem a ver com isso tudo? Bem, Lilian percebeu que ela e o filho tinham um excelente produto nas mãos: o conhecimento de Rodrigo sobre vinhos, que estava disponível apenas em cursos off-line. Então, com William Arjona, eles colocaram o curso na internet e criaram o site *Vinho mais*, que tem muitos seguidores e alunos espalhados por todo o Brasil — pessoas que, antes, não teriam acesso ao conhecimento de Rodrigo. E as estratégias com *Vinho mais* se conectam perfeitamente com a *expertise* do negócio off-line: eles podem fazer novos modelos de parcerias com seus distribuidores de vinho, fazer recomendações para os alunos do Rodrigo, que podem ser encontradas na loja física, e muito mais.

Essa é a magia da revolução da internet: seu alcance é gigantesco e todo mercado pode aproveitar essa oportunidade!

DAQUI UM ANO VOCÊ VAI DESEJAR TER COMEÇADO HOJE

Esta é uma das frases que a Marina Bello, dentista especialista em tratamento com laser e também membro hoje do meu grupo Black, ouviu da minha sócia em sua palestra, quando foi participar do Segredos da Audiência ao Vivo, e foi uma das grandes alavancas para que ela tirasse seu sonho do mundo das ideias. A Marina começou a estudar laser ainda na graduação, foi para a Alemanha se aperfeiçoar e fez o doutorado parte lá, parte na USP, onde passou a dar aula. Compartilhar seu conhecimento se mostrou ser algo muito gratificante e, com a agenda cheia e mesmo já tendo fundado uma ONG que atuava com comunidades carentes, algo dentro dela chamava: "Como eu alcanço as pessoas que não podem sentar na minha cadeira e ser atendidas por mim?"

Antes de conhecer o Segredos da Audiência ao Vivo, Marina não sabia nada sobre marketing digital, como captar a atenção das pessoas ou como seguir adiante com um sonho que existia dentro dela, mas ela tinha medo de ouvir. A mesma profissional que não conhecia nada sobre o que compartilhei com você nos capítulos

ELES NÃO PRECISARAM
CRIAR UM MERCADO,
SÓ PRECISARAM **ENXERGÁ-LO.**

anteriores, cinco meses depois de conhecer este universo, fundou a International Academy of Lasers in Dentistry, uma academia internacional presente em dez países que ensina outros profissionais dentistas a trabalhar com laser, promovendo uma odontologia diferente e mais bem-estar para seus pacientes .

Para você ter uma ideia do poder que trabalhar com conteúdo de qualidade e com as estratégias certas para o mundo on-line tem para o seu negócio, com um webnário ao vivo oferecendo uma aula de 1h30 gratuitamente Marina teve: 2 mil pessoas inscritas, mais de quinhentas pessoas assistindo à sua aula e, ao final, abriu o carrinho para que os participantes se inscrevessem no treinamento que ela oferece. Em sete dias de carrinho aberto, Marina obteve um faturamento de aproximadamente oito meses de trabalho diário atendendo no consultório. Sem contar o impacto que ela causou na vida de todos os que foram atingidos pela sua mensagem.

"Daqui 1 ano você vai desejar ter começado hoje" é a mesma mensagem que eu quero deixar para você agora que estamos nas páginas finais desta jornada.

Daqui 1 ano você vai desejar ter começado hoje
BÁRBARA BRUNA

ESSA É A **MAGIA** DA REVOLUÇÃO DA **INTERNET:** SEU ALCANCE É GIGANTESCO

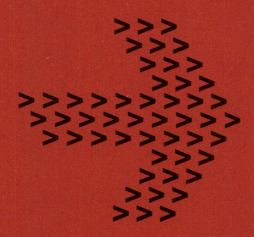

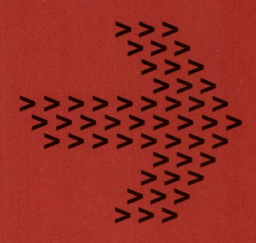

E TODO MERCADO PODE APROVEITAR ESSA OPORTUNIDADE!

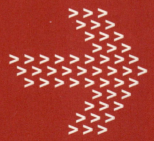

QUANDO ACABARAM AS MINHAS DESCULPAS, COMEÇARAM OS MEUS RESULTADOS

CAPÍTULO 9

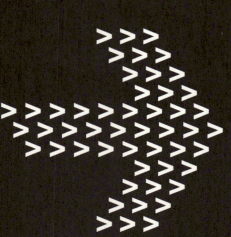

➡️ EU ACREDITO MUITO NESSA FRASE. DEIXAR AS DESCULPAS – E AS TESES – DE LADO É O QUE FEZ COM QUE EU CHEGASSE AONDE CHEGUEI. E você também pode conquistar todo o sucesso que deseja. Tudo o que precisa fazer é trabalhar duro, abrir-se para as novidades e parar de prestar atenção em pessoas que não acreditam em você. Não acreditar é só uma desculpa para não fazer.

Desde cedo, parei de dar ouvidos ao que os outros consideravam certo ou errado. No começo, muita gente achava loucura que eu largasse o mundo da publicidade, no qual eu era um "jovem promissor", para mergulhar no mundo on-line. Para muitos, minha trajetória tinha de ser num mercado tradicional. Sabe por quê? Porque eu ganhei alguns prêmios legais. No entanto, foi exatamente por causa de um desses prêmios que eu entendi que o meu sucesso não era no mercado tradicional, era na internet.

Quando eu estava na faculdade, participei de um concurso do Yahoo, voltado para estudantes de publicidade. O desafio era fazer uma campanha digital para o lançamento do Yahoo Messenger – um concorrente do Messenger da Microsoft, o mais popular na época. E eu fiz, com um amigo, um banner rotativo de 14 segundos com a seguinte mensagem: "Troque ideias, troque mensagens, troque imagens, troque seu Messenger". Entre os mais de 2 mil participantes, eu fui um dos vencedores. O prêmio, além de uma cadeirinha roxa que tenho até hoje, era ir até São Paulo e visitar a sede do Yahoo no Brasil. Foi ali que comecei a despertar para o mundo da internet e me dei conta de que realmente aquilo viraria uma revolução.

Por causa desse prêmio, conheci a Suzana Apelbaum em um evento, ela havia sido jurada da versão do prêmio para agências de publicidade e foi um ponto em comum e de conexão para que eu pudesse abordá-la. Suzana é uma publicitária muito importante, com vários prêmios na carreira. Ela foi transferida para trabalhar em uma agência em Nova York — e isso ficou na minha cabeça. Quando fui a Manhattan estudar inglês com a minha irmã, todos os dias eu tentava falar com ela. Mandava várias mensagens, no entanto, ela sempre estava ocupada, não conseguia me receber. No meu último dia na cidade, eu estava realmente a fim de visitar a agência em que ela trabalhava e curioso para saber como funcionava. Então, resolvi arriscar: fui ao escritório da Suzana e fiquei esperando na recepção por um bom tempo, até ela chegar na agência! Ela me olhou com uma cara de espanto, estava bem ocupada e com pressa naquela hora, mas me recebeu e me mostrou o escritório rapidinho. Eu fiquei encantado. A agência era toda voltada para o digital e ocupava um andar de um prédio na Madison Avenue, com vista para o Empire State — um dos endereços mais caros de Nova York! Então, pensei comigo: a internet tem futuro mesmo. Mergulhei de cabeça e deixei todas as desculpas de lado. Deixei de acreditar em teses alheias. Comecei a seguir o meu instinto.

É claro que no começo não foi fácil — e já contei isso para você ao longo do livro — mas nunca é fácil. Todo mundo que quer inovar e fazer diferente, seja empreendendo, seja atuando de um modo fora do comum numa empresa, vai enfrentar grandes desafios. Contudo, eu cresci. E sabe por que eu cresci? Porque SEMPRE acreditei na minha mensagem, naquilo que tenho de transmitir aos outros. E é isso o que você também precisa fazer: acredite em você e no seu conteúdo. Com muito esforço, estudo e dedicação, você também vai conseguir crescer.

E VOCÊ TAMBÉM PODE CONQUISTAR TODO O SUCESSO QUE DESEJA. TUDO O QUE PRECISA FAZER É **TRABALHAR DURO**, ABRIR-SE PARA AS NOVIDADES E PARAR DE PRESTAR ATENÇÃO EM PESSOAS QUE NÃO ACREDITAM EM VOCÊ.

TODO MUNDO QUE QUER **INOVAR** E FAZER DIFERENTE, SEJA EMPREENDENDO, SEJA ATUANDO DE UM MODO FORA DO COMUM NUMA EMPRESA, VAI ENFRENTAR GRANDES **DESAFIOS**.

O importante é nunca se deixar abater, nem nos momentos mais difíceis. Se eu tivesse me deixado levar pela tristeza na adversidade, não teria nunca visto o meu evento crescer e se tornar o maior do mundo. Porque o primeiro Segredos da Audiência ao Vivo quase não aconteceu. Eu percebi que havia demanda pelo tema tráfego e audiência na internet e senti que devia fazer um evento. Fiz um vídeo ao vivo transmitido on-line, chamado no marketing digital de *webinar*, e consegui 200 pessoas interessadas na aula que eu ia dar. Depois, eu faria meu grande anúncio sobre o meu primeiro evento. Imaginei que quando eu anunciasse, conseguiria vender pelo menos 100 inscrições naquele momento. Depois das duas horas da aula, falei da novidade. Liberei o link de compras e... ninguém comprou. Ninguém! Eu pensei: "Nossa, deve haver problema no áudio e ninguém ouviu essa parte". Perguntei se estavam me ouvindo bem, o pessoal respondeu no chat que sim, tudo em alto e bom som. Logo depois, imaginei: "Ah! Só pode ser um problema na plataforma de pagamento". Na mesma hora, liguei para o meu amigo JP, CEO e cofundador da Hotmart, e perguntei se estava com algum problema no pagamento. Ele me respondeu que estava tudo certinho!

Fechei aquela aula sem nenhum ingresso vendido para o meu evento. Com uma sensação muito estranha. Como eu poderia dormir com aquela notícia? Passei a noite toda pensando no que tinha acontecido até então e como eu poderia virar o jogo.

No entanto, eu já tinha feito o contrato com o hotel, pago a primeira parcela e tinha convidado palestrantes (a maioria deles, aliás, viria de cidades diferentes).

Até que, na manhã do dia seguinte, recebi um e-mail que me animou bastante, era do Daniel Simões, até hoje lembro-me do nome dele e da sensação de felicidade que sua mensagem me causou. Daniel, se você estiver lendo este livro: Obrigado!

No e-mail, ele dizia:

> **Remetente:** Daniel Simões
>
> **Destinatário:** Samuel Pereira
>
> Samuel, bom dia.
>
> Segue em anexo o comprovante do pagamento para o Mostardaweb. A transferência foi feita pela conta da minha esposa, mas no extrato está DanielS.
>
> Fico no aguardo da confirmação do recebimento e da inscrição.
>
> Que alegria! Quero muito estar aí com você pessoalmente, te conhecer e absorver 100% do conteúdo.
>
> Obrigado e um grande abraço.
>
> Daniel.

Esse e-mail me deu uma alegria inexplicável! Fiquei uns trinta minutos em êxtase. Quando passou essa empolgação inicial, pensei comigo mesmo: "Uma pessoa já pagou! Agora não tem volta, preciso entregar o evento!"

A 28 dias do evento, eu tinha mais palestrantes do que participantes. Começou a bater aquele desespero...

Arregacei as mangas e fui para o trabalho, comecei a procurar estratégias para divulgar um evento, fiz vários vídeos e, no fim das contas, consegui colocar 63 pessoas na plateia, contando com o *cameraman*, a minha mãe e eu! Mas eu estava feliz. No último dia do evento, 26 de abril, meu aniversário, ganhei um presente incrível: aquelas pessoas tinham passado três dias de imersão comigo aprendendo e compartilhando conhecimento sobre tráfego e audiência para os seus negócios e futuros empreendimentos. Havia pessoas ali que eu nem sabia ainda, mas viriam a ser algumas das que fariam história no marketing digital no Brasil e estariam entre as maiores referências no mercado.

Já estava tão feliz que paguei o almoço numa churrascaria para todos os participantes do evento.

Eu não desisti. Lembra-se do "dane-se a tese", certo? Pois então, não dei ouvidos a quem disse que estava perto demais do evento, que evento era difícil de vender, que evento isso e aquilo. No segundo ano, reuni 250 pessoas; no terceiro, 650. Na quarta edição, aproximadamente 1.500 pessoas, no teatro que eu considero dos mais lindos de São Paulo e no qual era meu sonho um dia realizar um evento... Contando com palestrantes e amigos como: Luiza Trajano, do Magazine Luiza; Robinson Shiba, do Shark Tank e China Inbox; Erico Rocha, do Fórmula de Lançamento; Roberto Shinyashiki, escritor best-seller; Ian SBF, do Porta dos Fundos; Murilo Gun, entre várias outras pessoas por quem tenho muita admiração e amizade.

Eu não teria chegado até aqui se não acreditasse em mim e no conhecimento que tenho para compartilhar. Acredite em você e no seu conhecimento. Faça tudo de coração e com muito esforço. Lembre-se de que a qualidade da semente que você planta interfere na quantidade de frutos que você colhe.

Depois de ter lido este livro, sua semente é de altíssima qualidade. Agora é hora de semear. Deixe as desculpas de lado e comece a sua plantação. Chegou a sua vez.

Forte abraço.

SAMUEL PEREIRA

DEPOIS DE TER LIDO ESTE LIVRO SUA SEMENTE É DE ALTÍSSIMA QUALIDADE. AGORA É HORA DE SEMEAR.

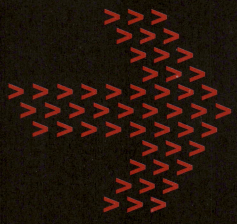

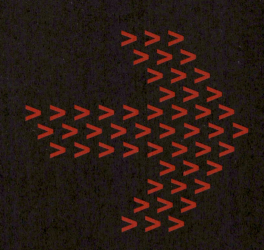

DEIXE AS DESCULPAS DE LADO E COMECE SUA PLANTAÇÃO.
CHEGOU A SUA VEZ.

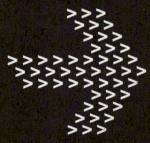

Este livro foi impresso
pela Intergraf Ind. gráfica Eireli
em papel norbrite 66,6 g.